講談社文庫

働き方は「自分」で決める

古市憲寿

講談社

目次

第六章　僕たちの前途

補章　SEKAI NO OWARI・「ロックバンド」の終わり

働き方は「自分」で決める

はじめに

〔スケッチ0〕

「起業した方がいいと思いますか?」よく相談される。

でも、僕のこたえは「一〇〇%絶対に起業はやめた方がいい」に決まっている。どんなに成功の要素が詰まっていようと成功する保証なんてないし、成功し続けない限り失敗と同義の起業は、確率論でいえばかなり分《ぶ》が悪い勝負だ。そのことを知りながら、人生を賭ける判断を相談された時に、起業した方がいいなんて無責任なことは言えない。

そもそも、「起業はやめた方がいい」と言われて起業しない人は起業に向いてないんだ。やめた方がいいと言われたって、その方が分が悪いと思っていたって、自分の心の底からやめることができない気持ちが沸き起こってくるくらいでちょうどいいんだから。だから僕のこたえは、「一〇〇%絶対に起業はやめた方がいい」。

そして、僕のこたえが外れることを願うようにしている。（松島隆太郎、経営者）

僕たちの働き方

働き方をどうするか。

今、この国ではそんな議論が盛り上がっている。もう会社には頼れない。日本型雇用は崩壊した。とにかく好きな仕事をすればいい。正直に生きろ。仕事にやりがいを求めるな。スキルアップを目指すのではなく教養を身につけろ。しんどい働き方を変えていこう……。

一九九一年のバブル崩壊、一九九八年のアジア通貨危機、二〇〇八年のリーマンショック、二〇一〇年の欧州債務危機、そして二〇一一年の東日本大震災。社会を揺るがすような大事件が起こるたびに、僕たちは一瞬足を止める。そして、自分たちの生き方を考える。

多くの人にとって「働く」ということは、生きていくことと不可分に結びついている。働き方を考えることは生き方を考えることであって、生き方を変えようと思ったら、働き方を変えざるを得ない。

特に日本は国際的に見て、国家による社会保障が脆弱《ぜいじゃく》な国だ。だから会社に正規のメンバーとして所属しているかどうかで、その人の生き方は大きく変わってしまう。つまり、働き方の問題は、人々の生き方に直接影響を及ぼす。

「働くこと＝生きること」なのだ。

だけど、この国では、仕事に対する満足度がとても低い。NHKが参加する国際意識調査によれば、日本では自分の仕事に満足していると答える人の割合が三二ヵ国中で二八位だったという。また同僚との人間関係が良いと答える人や会社に誇りを持つ人の割合も少ない（『放送研究と調査』二〇〇九年六月号）。

もちろん、異動が少なく上司が絶対的な存在である欧米と比べて、日本では職場や上司への不満を言うことに慣れているなどといった文化的な違いもあるのだろう。それでも、仕事にストレスを感じる人は少なくないし、何よりも労働時間は世界的に見ても長い。

OECDの「Gender data portal 2014」によれば、日本人の休日も含めた一日当たりの平均労働時間は三七三分。男性に限ると四七一分になり、これはフランス（二三三分）の倍以上の数値である。労働時間はOECD参加二六ヵ国の中で最長、逆にレジャーの時間は最短である。

先日フィンランドへ行ってきたが、ヨーロッパでは夏に一ヵ月以上のバカンスを取ることが珍しくない。仲良くなった中学校の先生は、生徒と同じ二ヵ月半の夏休みがあると言っていた。その間は、学校や研修へ行く義務もないという。他にもイースター休暇やクリスマス休暇がある。

一方、日本で働く人々は、有給休暇さえも十分に消化できていない有り様だ。この国の人は、会社のことがあまり好きではないし、仕事の満足度も低いし、さらにはストレスまで感じているのに、休みもなく長時間労働をしているのだ。しかも終身雇用や年功序列が素朴に信じられた昭和時代と違い、もはや会社が自分たちの生活の面倒を死ぬまで見てくれるとは思えない中で。これでは「働き方」に関心が高まるのもうなずける。

起業という働き方

この本の主役は「起業する若者たち」だ。

よく「日本は若者の起業が少ない」「若者がもっと起業しやすい社会を作ろう」という議論を目にする。

確かに日本における起業の数、さらには自営業者の数は減少し続けている。日本では働く人のうち約八割が「雇われて働く人」だ。総務省統計局の「就業構造基本調査」（二〇一〇年版）によれば、法人を起こした起業家の割合は全労働者のうちわずか二・三％しかいない。

さらに二〇代に限ってみると、法人を起こした起業家は〇・〇九％、自営業者を合わせても起業家と呼べる人は一・七％だけだ。

国際的な起業活動調査（GEM）によれば、日本は世界で最も起業率が低く、起業活動が低調な国であることがわかっている。

それなのに起業家に対する期待は高まる一方だ。ある内閣府のレポートでは「産業構造のダイナミックな進化を生み出し、イノベーションの先導役」を担う起業家が希《き》求《きゆう》され、彼らは日本経済活性化の源泉にもなることが声高《こわだか》に主張される。

また、自民党は二〇一四年に「日本再生ビジョン」を発表、「世界に通用するベンチャー企業の創出・育成は、日本経済再生にとって本丸である」と宣言した。官邸に起業大国推進本部を設置、起業家大賞を創設したり、起業家が資金調達をしやすい環境を整備したい考えらしい。

こうした起業支援には反対の声も多い。なぜなら起業してもその後が大変だからだ。せっかく起業しても企業は五年目までに二割が倒産し、一〇年で三割、二〇年目には五割が倒産している（中小企業庁『中小企業白書』二〇一一年）。また、経営安定期を迎える企業に至っては一〇〇〇社のうちわずか三社という説もある。

起業家に期待してもいいし、起業支援にどのような意見を持ってもいい。だけど、その前にまず「起業の現実」をきっちりと見つめることが大切なのではないだろうか。「起業」のことは、たびたび話題になるにもかかわらず、起業する若者たちの「現実」があまりにも世の中には伝わっていないと思う。

そこでこの本は、起業する若者たちのリアルに迫ってみたいと思う。

僕（一九八五年、東京都、チョコが主食）は大学院の博士課程に在籍しながら、友人たちと仕事をしてきた。そんな中で、様々《さまざま》な「起業家」たちに出会ってきた。この本では僕が大学生の時から知る松島隆太郎（一九八三年、千葉県、趣味はダイエット）をはじめ、何人かの起業家にスポットライトを当てながら、現代における若手起業家の肖像をスケッチしていきたいと思う。

起業家の話というと、どうしても「画期的なビジネスモデル」や「成功の法則」といった話題になりがちだ。だけど、僕が実際に若い起業家たちと一緒に活動しながら気付いたのは、洗練されたビジネスモデルなんかよりも、彼らの専門性や、人間らしさ、そして「つながり方」に注目したほうがよっぽど面白いっていうことだ。

さらに、この本の登場人物の多くは僕の友人だ。だからこそ表面的なインタビューとは違う、感覚的で内面的な話も聞き出せたのではないかと思う。

下流でもなく、ホリエモンでもなく

この本の第一の目的は、起業家動物園の生態系を描くことだ。先に断っておくと、僕がこれから描くことを「今時の若手起業家はみんなこうなんです」と単純に一般化する気はない。

だけど、この本で描かれるのは、決して特殊なストーリーではない。彼らの起業へ至る道のり、そして企業運営の仕方からは、象徴的に現代の起業家、そして現代の若者の姿を見て取れるはずだ。

キーワードは「下流でもなく、ホリエモンでもなく」。「草食でもなく、肉食でもなく」と言い換えてもいい。

本書の前半は若手起業家たちの姿を追ったドキュメンタリーだ。起業に興味がある人にとっては具体例、実践例として参考になる箇所が多いだろうし、そんなことに興味がない人には動物園を覗《のぞ》く感覚で楽しんでもらえると思う。その動物園に片足を突っ込んでいる僕から見ても、それは奇妙で不思議な空間だ。

第一章は、松島が作ったゼントという会社についての物語だ。彼は今の会社をどうやって作り、どんな理念を持って働いているのか。社長である松島のライフストーリーを描きながら、日常の延長としての「起業」について考えてみた。

第二章では日本最大規模のファッションショー「東京ガールズコレクション」を統括する村上範義《のりよし》（一九八一年、愛知県、ずっと誰かと電話してる）、第三章では俳優として活躍し現在は映画監督も務める小橋賢児《こはしけんじ》（一九七九年、東京都、何を言っても怒らない）の物語を描いた。エンターテインメント業界や芸能界の内実に興味がある人にも楽しく読んでもらえると思う。

後半は、少し俯瞰《ふかん》的な記述が増える。

第四章では、僕たちの周りにいる起業家たちがどのようにつながり、どんな生態系を形成しているのかを描いた。彼らはどのように人間関係を築き、どのように影響を与えあっているのか。キーワードは「仲間」だ。

第五章では、「非資格型専門職」という言葉を使いながら、夢を「あきらめにくい」現代社会の構図を描いてみた。なぜ、実際には大変なことも多い「起業」にここまで注目が集まってしまうのだろうか。

第六章では、二〇二五年、二〇五〇年という近未来を見据えながら、若者たちがこれからどう働いていけばいいのかを考えた。この本を読み終わる頃には、「これからの働き方」に関する前途が少しくらいは拓《ひら》けているはずだ。

巻末には文庫版オリジナル特典として、人気バンドSEKAI NO OWARIとの対談を収録した。メジャーデビューからわずか三年足らずで、JR SKISKIのCMソングを提供したり、一五万人を動員した全国アリーナツアーを成功させるなど活躍が目立つ四人組だ。彼らの特徴はシェアハウスで共同生活をしていること。その生き方を含めて若者たちの憧《あこが》れの的となっている。「仲間と働き、生きていく」ことをテーマとしたこの本の巻末にふさわしいと思った。

この本の読み方

各章は独立しているので、どの章から読んでもらっても構わない。ただ、どの章を読むかで「起業家」のイメージは変わるだろう。

登場人物にはわかる範囲で生まれた年、出身地、どうでもいい一言情報を書いた。

本書の単行本版には五六七にも及ぶ脚注があった。しかし文庫では読みにくいだろうということで、思い切って全ての脚注をカットし、書誌情報は本文中に織り込んだ。「脚注が面白いですね」と何度も言われたことがあり、断腸の思いで決断した。

しかし、実際に作業を始めると、どれもくだらない脚注ばかりで作業は一瞬で終わった。今まで必要のない情報で紙面を浪費して申し訳なかったと反省している。

「起業家」とはすなわち、働き方を「自分」で決める人たちのことだ。

そういった「起業家」的な生き方ができる可能性は誰にだってある。そもそも、会社に所属していようがいまいが、今や誰もが「起業家」のように働くことが求められる時代だ。そんな意味を込めて、単行本の時は『僕たちの前途』だったタイトルを『働き方は「自分」で決める』に変えた。

この本は、本来は広大な「起業家」という世界を描く上で、いくつかのサンプルと、ささやかな見取り図を示したに過ぎない。本書がきっかけとなり、自分の働き方について一度足を止めて考えてくれる人がいたら嬉しい。そして願わくば、働き方を「自分」で決めることの楽しさと大変さが伝われればと思う。

第一章　僕たちのゼント

　この章では「ゼント」という会社のことを描いていく。主人公は社長である松島隆太郎。高校生の頃《ころ》からビジネスをはじめた彼は、なぜ今のような会社を作ったのか。その上で、「日常の延長としての起業」について考えてみよう。なお、この章に書かれている内容は本書の単行本が出版された二〇一二年時点での情報だ。現在の「僕たち」については巻末の〈スケッチ10〉に記した。

〔スケッチ1〕

松島さんは会社ができた頃から何もいわずに応援してくれた。とても気持ちいい人だなと思いました。ただ彼のことは説明がしにくい。前例がないことをしているから「こんな人」って喩《たと》えられる人もいない。見た目も年齢不詳だし……。（岩瀬大輔、経営者）

1 起業家の社会学

二〇〇三年、慶應SFC

上場はしない。社員は三人から増やさない。社員全員が同じマンションの別の部屋に住む。お互いがそれぞれの家の鍵を持ち合っている。誰かが死んだ時点で会社は解散する。

僕は今、そんな会社で働いている。社長は「会社」というよりも「ファミリー」という言葉を好む。社長と言っても僕の一学年上。顔は高校生のような童顔。低めの身長に太めの胴体。名前は松島隆太郎（一九八三年、千葉県、いつまで経っても痩《や》せない）という。ちなみに僕はふだん「りゅうくん」と呼んでいる。

僕が松島と初めて会ったのは、慶應義塾大学の入学式前日だった。あの日は小雨が降っていたと思う。ＡＯ（自己推薦）入試で合格した学生たちの個人研究の発表会の日だった。ＡＯ入試は通常の試験よりも合格が早く決まってしまうので、大学側が学生たちに「遊んでばかりいないように」というメッセージを込めて課題を出していたのだ。

ちょうど松島は僕の隣の席に座っていた。顔は今よりも幼く中学生のようだった。その頃からちょっと太っていた。他の学生の発表をニヤニヤしながら見ていた姿がやけに印象的だった。今から思えば、熱が入りすぎた割に大したことを発表していない他の学生たちを少しバカにしていたのだろう。

松島自身は、自動車無線とインターネットを組み合わせた何やら難しいことを発表していた。僕はさっぱり内容がわからなかったが、教授たちが褒《ほ》めていたので、きっとすごいことを言っていたのだろう。

発表会の後、松島と直接話をしてみると、彼がやはりすごい人物であることがわかった。高校生の時から仕事をしていること。僕でも知っている進学校・開成《かいせい》学園の出身であること。噂には聞いていたが、本当に若くしてビジネスをはじめる人がいるのだなと驚いたことを覚えている。

僕が一八歳で、松島が一九歳の時のことである。その時はまだ、僕が彼と一緒に働くことになるとは思っていなかった。そしてまさか、こうして彼のことを本として書く日がくるなんて想像もしていなかった。

起業家を社会学する

僕は、松島が社長を務める「ゼント」という会社で働き、マーケティングやIT戦略立案等に関わってきた。とはいっても、主な仕事は松島の話し相手。お腹《なか》が痛いという松島のために胃腸薬を買いに行ったことが唯一の仕事という日もあった。

そうやって働くかたわら、僕は大学院の博士課程にも籍を置き、社会学を専攻している。二〇一一年の秋に『絶望の国の幸福な若者たち』という本を出してからは、

「社会学者」という肩書で呼ばれることも増えた。

「社会学者」には、いやらしい人が多い。社会をナナメから見て、ニヤニヤしている。誰とどんな場所にいたとしても、ついつい観察やインタビューをはじめる。そして、彼らがなぜそのような行動を取るに至ったのかを、環境や社会と関連づけて考えてしまう。

僕も、松島たちと働きながら、ちゃっかり彼らの行動を観察してきた。修士論文ではピースボートという船をテーマに、現代における若者とコミュニティの関係を書いたのだが、自分にとって身近な存在として、若手起業家のことはいつも頭の片隅にあった。頭の片隅どころか、同じマンションに住んでいるんだけど。

もちろん若手起業家に興味があるのは、自分の周囲に松島のような起業家が多かったから、というだけではない。きっかけは僕が大学院に入った頃、二〇〇七年までさかのぼる。あれはジュンク堂池袋本店の五階だった。

ビジネス書のコーナーには「マザーズに株を上場させる!」「二〇代で社長になる!」など勇ましい言葉が並ぶ若者向けのハウツー本や成功体験の本が溢《あふ》れていた。

だが、そこをほんの二〇メートルほど通り過ぎ若者論のコーナーへ行ってみると、「ネットカフェ難民」「ニート」「ひきこもり」など「下流」を生きる人びとの本が並んでいた。この、たった二〇メートルを挟んだギャップは何なのだろうか、と疑問に思った。

考えてみれば、日本の若者研究はだいぶ領域が偏《かたよ》ってきた。たとえば、「ニート」「フリーター」「ワーキングプア」など、社会的弱者としての若者に関してはセンセーショナルな告発本もたくさんあるし、社会学者や経済学者たちの手による丁寧な実証研究やフィールドワークを盛り込んだ成果の発表もさかんに行われてきた。

一方で、若手起業家に関する実証的な研究は日本では皆無に等しい。きちんとしたルポも少ない。だから、ビジネス書やマスコミなどによって流布した「ヒルズ族」など一部のイメージがさも代表性を持つかのように語られてしまう。

まるで、「格差社会」の中の「勝ち組」とは「ヒルズ族」であり、「ホリエモン」であるかのように。もしくは「シリコンバレー」では「ジョブズ」や「ザッカーバーグ」のような起業家たちが日々生まれていると。

本当は多種多様であるはずの「起業家」のイメージが、あまりにも貧弱なのだ。

『絶望の国の幸福な若者たち』では、できるだけ網羅的に日本の若者一般の姿をスケッチしようとした。だけど「一億総中流」というリアリティが共有されていた時代ならともかく、現代において「若者」という存在を一般的に描くことは難しい。それはどうしても抽象論になりがちだ。

だからこの本では、一冊を通して「若年起業家」という存在にスポットライトを当てていくことにした。

若手起業家というのは、現代社会を考える上での避けては通れない登場人物だと思う。今の若者たちは様々な場面で「人間力」や「生きる力」を求められてきた世代だ。「ただ勉強ができるだけでは、この社会では生きていけません。自分で問題を発見し、解決し、新しい価値を創造していける人間になりましょう」と。

もしも「人間力」や「生きる力」が本当にあるのだとしたならば、それを最も体現しているのが若手起業家ではないだろうか。お金もコネも経験も少ないだろう若いうちにビジネスをはじめ、それを軌道に乗せることができたのだから。

2　ある若手起業家の物語

天才高校生と呼ばれて

一九九六年。「パソコン」や「インターネット」は少なくとも言葉としては話題になり、日本はＩＴの描く未来に夢を馳《は》せていた。しかし、まだパソコンの世帯普及率は一〇％台、インターネットの世帯利用率は五％にも届いていなかった。

そんな本格的なＩＴ時代の前夜、松島は祖父から中学校の入学祝いにパソコンを買い与えられた。

今から振り返れば、それがすべての「きっかけ」だった。もともと機械いじりが好きだった松島は、パソコンを使ったプログラミングに夢中になる。プログラミングの教習本を夢中で読むあまり、何時間も電車を乗り過ごすことは日常茶飯事だった。

松島が実際にキャリアをスタートさせたのは、高校一年生になった一六歳の時のことだ。彼は、いくつかのサービスをインターネット上に公開しはじめた。

たとえば携帯電話の絵文字を変換するサービス。その頃、携帯電話を使ったメールでは、違う携帯電話会社に絵文字を送ることができなかった。それが不便だと感じた松島は、ネット上に無料で絵文字を変換してメールを送ることができるサービスを公開した。当時、かなり話題を呼んだらしく、いくつもの雑誌にも掲載された。

それだけならば彼はただの「コンピューターオタク」で終わっていたのかも知れない。しかし、いくつかの偶然が彼をビジネスの世界に引き込んでいった。

一つはインターネット上のフォーラム（掲示板）での出会いだ。当時、日本人のコミュニティにはスキルのある技術者が集まっていなかったため、松島は海外のプログララマーが集《つど》う掲示板でよく意見交換をしていた。

　そこで松島は一人の日本人と出会う。

　他は外国人ばかりのコミュニティだったので二人は意気投合、お互いほとんど素性も知らないまま、実際に会う約束をした。待ち合わせ場所にいたのは、大手上場企業の部長クラスの人物だった。相手もはじめ困惑した。大人かと思ったら、中学生のような顔の、実年齢も高校生の少年がいたのである。

　だが技術的な話になると大人顔負けの知識で、次々に斬新なアイディアを思いつく。結局松島は、その人から技術顧問を依頼されることになった。

「天才高校生プログラマーがいる」という噂は人づてに徐々に広がっていき、いくつかの会社のコンサルティングやシステム設計を請け負うようになった。当時は高校生だったためクレジットカードを作れなかったので、いつも数百万円の現金をリュックに入れて持ち歩いていたという。嫌な高校生だ。

　仕事が忙しいあまり寝不足で、高校に行くために乗った山手線で寝過ごして一六周してしまったこともある。山手線一周の所要時間は約一時間なので、松島は朝八時から終電近い深夜までの一六時間、山手線で寝ていたことになる。東海道線を乗り過ごして気づいたら熱海、横須賀線を乗り過ごして横須賀、総武線を乗り過ごして上総一《かずさいち》ノ宮《みや》ということもあった。終電が終わってしまって、父親が車で迎えに来たこともあった。遠すぎて迎えに行けない時は警察署の柔道場に泊めてもらったこともたびたびあった。

「天才高校生プログラマー」というのは、時代にもマッチしていたのだろう。「失われた一〇年」と呼ばれる時代を終え、ミレニアムを迎えても日本はある種の閉塞《へいそく》感に包まれていた。暗い時代であるほど、人は救世主を求める。新しい可能性に一縷《いちる》の光を見いだそうとする。それが「インターネット」や「IT」であり、「天才高校生」だった。インターネットバブルの終焉《しゅうえん》とされる二〇〇一年を過ぎても、松島の仕事は順調だった。

転機となる出会い

仕事を始めてからも、教育熱心な母親（一九六二年、千葉県、趣味はゴルフ）によって松島は進学予備校に行かされていた。本郷三丁目に位置する東大合格を目指す予備校だ。しかし母親の期待を裏切るように、予備校での出会いもまた、松島をビジネスの世界に誘い込むことになった。

予備校の先輩だった青木健太（一九八二年、東京都、お父さんになった）の影響である。彼は高校の時からビジネスに興味があり東大の起業家サークル「active program」に参加していた。松島も青木に誘われ、このサークルに顔を出すようになる。東大の本郷キャンパスは予備校から目と鼻の先だったのだ。

青木健太はその後、東大を中退し、このサークルから派生したNPO法人「かものはしプロジェクト」を起業することになる。

その起業家サークルには「オートリカバリーテクノロジー」のメンバーたちもいた。東大在学者や卒業生たちが中心になって立ち上げた会社ということで、一部では話題になっていたようだ。彼らのメイン事業は携帯電話のメモリのバックアップ。メンバーには後にオトバンクを創業する上田渉《わたる》（一九八〇年、神奈川県、いつまでも童顔）もいた。

インターネットバブルがはじけたといっても、IT業界自体はまだ異様な活気に包まれていた。IT関係の企業というだけで投資も集まりやすかったし、上場益によって一攫千金《いっかくせんきん》を企む大人たちが若手起業家たちの周りに集まっていた。上田に資金を提供していたのもある大物実業家の一人だ。

のちに松島とともにゼントを起業することになる青木健一（一九七一年、兵庫県、落語家のように話す）も、その起業家サークルで松島に出会った。青木は松島と初めて出会った日のことをよく覚えている。二〇〇一年の秋。起業家サークルの研究会で上田が必死にプレゼンテーションをしているのを、松島は後ろのほうでニヤニヤしながら眺めていたからだ。

青木に松島を紹介した人物は「うちの会社の顧問」と説明していた。青木は「顧問っていうからじいさんが出てくるのかと思ったら、中学生みたいなちびっ子でビックリした」という。だが話してみると青木はすぐに松島のファンになった。

青木は当時、ウェブサイトやシステムの構築を手がけるプランナーとして活動していたが、ある悩みがあった。それは「SEやプログラマーが使えない人ばかり」ということ。せっかく案件を受注してきてもSEたちはすぐに「できません」と言う。そのことを松島に相談すると「簡単ですよ。インターネットの世界は物を動かすこと以外何でもできるんです」と言い切った。それが気持ちよかったという。

松島も青木の会社に頻繁《ひんぱん》に顔を出すようになった。といっても何をするわけでもない。夜いきなり遊びに来て大量の弁当を食べるだけ食べて帰ったり、差し入れに「おっぱいボール」という玩具を持ってきて仕事の邪魔をしたり、めちゃくちゃだったらしい。だが、そんな松島に青木は親近感を抱くようになっていた。青木は松島に様々な仕事を依頼するようになった。

高校三年生の冬。松島は開成という進学校にいながら、大学に行くことを選ばなかった。仕事で忙しく、かつ一般の社会人をはるかに超える金額を稼ぐようになってしまったからだ。東大進学のモチベーションを高めるために本郷三丁目に設置されただろう塾が、松島に対してはまるで逆の機能を果たしてしまった。教育熱心な母は悲しみ、大喧嘩になったという。

気がつけばシェアハウス

仕事は順調だった。複数の会社の顧問をしていたから、月末になれば使い切れないくらいのお金が口座に入金される。その時のことを松島は「お金がゴミみたいになっちゃったんだ」と回想する。お金は以前に増して稼げているのに、そこには人生を楽しめていない自分がいた。仕事がお金を稼ぐただの手段になっていたのだ。

一方、開成学園の同級生たちはキャンパスデビューを果たし、楽しそうな大学生活を送っている。お金を持っていないはずなのに楽しそうな彼らと、お金を持っているはずなのにどこか空《むな》しい自分。「その時、お金だけあっても幸せになれるわけじゃないんだってことに気づいた」のだという。

そして松島は「青春を謳歌《おうか》するため」に大学に行くことに決めた。進学先には、日本における「インターネットの父」と言われる村井純（一九五五年、東京都、恰幅がいい）がいる慶應義塾大学湘南《しょうなん》藤沢キャンパス（SFC）を選んだ。

慶應SFCでは当然、IT系の研究会に所属した。といっても仕事をしながら大学に通っていたため、結局は研究会にもほとんど行かなくなってしまった。

また起業を推奨するカルチャーのある慶應SFCでは、「アントレプレナー概論」のような起業家教育のための授業も行われているが、松島は欠席ばかりで結局単位をもらえなかった。実際の起業家が、起業家になるための授業を落としたのは面白い。

しかし慶應SFCではいくつかの大切な出会いがあった。教員をしていた重近範行《しげちかのりゆき》（一九七二年、高校生みたいな童顔）と意気投合、今も仕事上の付き合いが続いている。重近は、村井純の片腕として長野オリンピックや国際シンポジウムなどの情報システムの設計・運用などに関わってきた人物だ。

成瀬大亮《だいすけ》（一九八〇年、東京都、彼も今やお父さん）も慶應で知り合った友人の一人だ。成瀬は、当時慶應SFCの大学院に通っていたのだが、いつの間にか松島の部屋に住むようになる。松島いわく「部屋があまっていたし、誰かが家にいたほうが楽しいから」ということらしい。

松島は慶應SFCの最寄り駅である小田急線湘南台駅の近くに3LDKの部屋を借

りていた。その部屋には様々な人の出入りがあった。何台ものパソコンを置いて開発をするための環境としても整備されていたから、そのまま部屋が作業場にもなる。一定規模の開発案件の最中は、大人数が松島の部屋に集まる。

次第に、松島の部屋には四人くらいが定住するようになっていった。広い部屋を借りているのに、肝心の松島専用の部屋がない。もちろんプログラムの開発環境を整備した専用のパソコンはあるが、プライベートスペースがない。「自分だけの空間がなくて嫌になることはないのか」と聞いたことがあるが、「まったくない」と言われてしまった。

松島は慶應SFCを七年かかって卒業する。卒業間際には、教育熱心な松島の母から僕に「隆太郎は本当に今度こそ卒業できますか」という電話が何度もあった。

やはり仕事が忙しく、次第に大学どころではなくなってしまったからだ。何せ、教員とも仕事をはじめてしまうくらいなのだから。結局、慶應SFCも松島にとってはビジネスチャンスを増やす場所として機能したようだ。

大型案件をいくつもこなし、ビジネスの幅も広がっていった。オークションサイトのシステム設計、金融系システムの設計などIT系の仕事はもちろん、ゴルフ場の売買から外資系企業のコンサルティングまで、多種多様な仕事を経験してきた。

松島の強みは、ビジネスの世界とＩＴの世界の「橋渡し」ができることだ。

ＩＴのことがわからない人は、システムやプログラムに過剰な期待を抱く。一方で、多くのプログラマーはビジネスのことに興味がないから、営利性や利便性に注意を払わない。そうして、世の中には無数の「お金はかかったけど、使えないシステム」が生まれていく。

そんな中で松島は、ビジネスの世界のことも、ＩＴの世界のこともわかる数少ない人材として重宝されている。彼の活躍はこれからも続くだろう。

ホリエモンから遠く離れて

と、ここまでは「よくある成功物語」の序章かも知れない。インターネット時代が可能にした若手起業家の物語は数え切れないくらい語られてきた。

たとえば株式会社ライブドアの社長として時代の寵児となった堀江貴文（一九七二年、福岡県、「朝生《あさなま》」で会った時は酔っ払ってた）、当時としては史上最年少で東証マザーズへの上場を果たした株式会社サイバーエージェント社長の藤田晋《すすむ》（一九七三年、福井県、趣味はヒップホップ）など、二〇〇〇年代には何人もの「ＩＴ起業家」や「ヒルズ族」が生まれた。

しかし松島は彼らのようなモデルを目指そうとは思わなかった。従業員を増やして会社を大きくすることには興味がないし、上場を目指そうともしないし、世間から注目を浴びたいとも思わない。藤田晋のように社会を動かすことにも興味がない。

理由の一つは、上場を目指した会社の経営者たちが、お金が原因で仲違《なかたが》いしていくのを何度も見てきたからだ。上場する前にもかかわらず自社株の配分によって揉《も》める人もたくさん見てきた。「そこまでして上場して何が残るのか」ということを考えた。

そして、上場を考えると自分たちの好きなことだけをするわけにもいかなくなる。松島の友人には上場を目指す社長たちもいたが、「株主がなんて言うかわからないから」と言って常に他者の目を気にしてしまう態度に違和感を覚えた。「儲かるはずのことも、面白いはずのこともできないのはおかしい」と。

たとえ数百億円を手にしたところで、いくら社会的名声を手に入れたところで、そこで手に入るものは意外と空しいものなのではないか。お金だけを持つことの空しさを、松島は大学入学前に嫌と言うほど体感していた。それは自分にとって本当に欲しいものなのか。自分にとって本当に欲しいものは何なのか。

松島の出した答えは「友だちとわいわい楽しんで生きること」だった。死んでしまったらお金は使えない。生きているうちに一人でお金を使うとしたら限界がある。お金を稼いで、欲しいものをすべて手に入れた自分を想像してみた。それは、仲のよい友だちと一緒に、ご飯を食べたり、遊んだりしている姿だった。

そうだとしたら、使えないほどのお金を手に入れる必要はない。気の合わない人を社員に加える必要もない。株主の目を気にして仕事をしたくはない。

「だから、ファミリーのような会社を作りたいと思った」と松島は言う。上場を目指さない。人数も増やさない。気の置けない仲間と、好きなことをしていく会社を作ろうと思った。それが僕が働いてきた「ゼント」である。

3　僕たちのための起業

大企業の論理は捨てる

ゼントは、メンバーを三人から増やすつもりがない。

それは松島が会社を立ち上げる時期から決めていたことだという。

松島が関わってきた様々なプロジェクトチームを振り返った時に、五人の少人数チームだろうと、一〇〇人を超える巨大チームであっても、それを動かしていたのはいつも数人だった。だから会社を立ち上げて、プロジェクトに関与する時も、そのような立ち位置になろうと考えていた。

三人というのは、社内情報の共有が電話でできる規模の人数だ。わざわざ定期的に会議を開いたり、意見の共有を制度化しなくても、自然とお互いの状況を把握できる。

人が同じ話を、同じ熱意を持って自然に話せるのは二回くらいが限界だろう。それに情報の共有はもちろん大切だけど、温度感を伝えることのほうがもっと大切だ。だから、メールやグループウェアで情報共有、といった方法はとりたくなかった。

会社を大きくしようとすると、様々なルールを作る必要が出てくる。人間関係も複雑になってくる。派閥ができることもあるだろう。意見を集約するのにも時間や労力がかかるし、全員が会社のビジネスの全貌を把握できなくなっていく。利益を上げるのとは別次元の社内政治に翻弄《ほんろう》される時間も増える。大きな組織には、マネジメントコストがかかるのだ。

もちろん、「大きい会社」にはできて、「小さな会社」にはできないこともたくさんある。一番の大きな違いは、数の勝負ができるかどうかだ。たとえば「小さな会社」が薄利多売を目指すと、どうしても大企業に負けてしまう。だから、「小さな会社」でありながらお金を稼ごうと思ったら、高単価のものを売る必要が出てくる。

「小さくても儲かる会社」はBtoC（一般消費者向けビジネス）ではなくてBtoB（対会社向けビジネス）に特化する必要がある。そもそも三人では一般消費者向けにモノを売ろうと思っても、対応できる人員がいないので無理だ。代わりに大企業向けに高単価の仕事をしたほうがずっといい。

松島は高校時代から大企業や官公庁と仕事をしてきた。そうした経験の中で、自分が彼らの欲しがるようなスキルを持っていることに気がついていた。IT業界でいえば、本当に技術力の高い人は組織に所属せずに、フリーで生きている人も多い。大企業は、そこそこのレベルの技術者は大量に抱えているが、突出した能力を持った人をそこまで雇用できているわけではない。

ゼントのポテンシャルが最も発揮されるのも、大きな組織と組む時だ。すでに体系化されている組織のほうが、新しいルールを入れることによって、一気にビジネスを進めることができる。

大企業と組むことが多いならば、ゼントは何も大企業を目指す必要はない。むしろ人数が少ないほうが、一人あたりで考えれば高単価だったとしても会社全体としてみれば維持コストは安くなる。また、そこに所属するメンバーの働き方も自由になる。

すでに大企業が乱立する日本社会という前提条件を考えると、「小さな会社」であり続けるというのは正しい選択だったと思う。そのほうが結果的に、尖《とが》った組織になれる。

起業家たちの生態系

松島の周りに集まる若手起業家たちも、彼と同様上場や組織の拡大を目指さない人が多い。自社内に様々な機能を持たない代わりに、彼らは互いに連携して仕事をしており、そこには一種の生態系が形成されている。

千代佑《たすく》（一九八三年、埼玉県、彼も結婚してお父さんになった）はゼントとの仕事も多く、頻繁に松島の家にも出入りしている。彼らの仕事上での関係は、大学時代に松島が住んでいたマンション近くのコンビニで偶然始まった。

松島はちょうど抱えていた東京ガールズコレクション（第二章参照）関連の大型案件の人手が足りずに困っていたところだった。息抜きに出かけたコンビニにたまたま千代がいたのだ。二人はそれまで仕事をしたことはなかったが、慶應ＳＦＣの研究会を通じての面識があった。

千代も開成学園の出身で、高校生時代からシステムインテグレーション関係の仕事を始めていた。要は、サーバーの選定や保守管理、プログラムの導入から引っ越し屋さんのようなことまで行っていた。

彼のキャリアの始め方も、松島と似ている。高校生の時に、インターネット上のコミュニティで出会った人からの「ちょっとこれ手伝ってよ」という軽い誘いを受けたのがきっかけだ。

初めは仕事を完全な趣味で行っていたが、依頼の規模が大きくなってきたため、大学一年生の夏に法人を立ち上げた。松島同様、当初から上場を考えたことはなかったという。一時期は就職活動をすることも考えたが、結局「自分たちでやっていたほうが楽しめると思って」会社を続けることを選んだ。

千代は「趣味の延長として仕事を続けていきたい」と語る。会社の規模を大きくすることは考えないし、「一発当てたい」という気持ちで会社を経営しているわけでもない。「ぼちぼちやれればいい」という千代だが、もう一つの趣味のスポーツカーには結構な金額と情熱をかけているようだ。

千代と一緒に仕事をしているのが小熊浩典《おぐまひろのり》（一九八二年、千葉県、最近太った）だ。千代とは開成学園以来の友人で、プログラミングやシステム設計など共通の趣味を持っていた。彼らは松島の一年先輩にあたる。

小熊は会社と並行してNPO法人「こぱてぃ」の代表としての活動もしている。小学生から大人までが一緒になって屋外で遊ぶイベントを開催したり、「はちみつ選挙」という本来は投票権のない子ども向けの疑似選挙を行うなど、子どもや若者の地域における社会参加を目的としたNPOだ。

「こぱてぃ」は、小熊が東京大学の三年生だった時に立ち上げた。もともと小熊は、地域で子ども向けのイベントなどを開催していて、その延長でNPO化することになった。地元でボランティア仲間だった一〇人ほどがその初期メンバーだ。それ以来小熊は、千代との仕事と、NPOの仕事を両立させながら暮らしている。

就職活動は考えなかった。それは仕事もNPOも、彼にとっての自己実現の一つであり、「自分のやりたいこと」であるからだ。小熊に将来の夢を聞いたら「続けたいことを、続けていきたい」という答えが返ってきた。「それって今と同じじゃないですか」と問い返すと、「そういうこと」らしい。

もともと「起業して一旗揚げてやる、というガツガツしたモチベーションはなかった」小熊にとって、仕事やNPO活動は「お互いが得意なことを持ち寄って、何かができたらいい」という発想の延長にあるものだ。「NPOも千代との仕事も、何も特別なことではないです」と言う。

お金は仲間のために使うもの

松島の行動は「ほどよく堅実」に見える。たとえば松島の愛車がそれを象徴している。レクサス。中高年の富裕層に人気のある車だ。

なぜレクサスに乗るのかと聞くと、ナビの設定やレストランの案内をしてくれるオーナーズデスク・サービスなど、トータルでの「費用対満足度」が高いことがその理由だという。さすがに燃費がいいからという理由で軽自動車に乗ったり、都内での移動が便利だからと自転車を選んだりはしないが、フェラーリに惹《ひ》かれるわけでもない。松島いわく「仕事でも満足感に対してお金をもらっているのだから、僕らも満足感に対してお金を払う。費用対効果ではなく費用対満足度というものさしが大切」なのだという。

しかし「ほどよく堅実」というのは、お金儲けを忌避《きひ》するという意味ではない。むしろ彼らはあっけらかんと「お金って大切だよね」と語る。お金のことを積極的に語るのを躊躇《ちゅうちょ》していた高度経済成長期やバブル期の起業家と違い、お金に関しては素朴にプラスのイメージを抱いている。

松島は「マネーリッチであることは最低条件。だけどマネーリッチだけでは足りない」と言う。それは「マネーリッチ」であると同時に、「タイムリッチ」「フレンドリッチ」「マインドリッチ」であることを同じくらい大切にするからだ。

お金がないと、生活していく上での選択肢が減る。移動時間の短縮にはタクシーが必要だし、家で映画を快適に見ようと思ったら大きなテレビがあったほうがいい。しかしお金だけを追いかけていると、自分が自由に使える時間も減ってしまう。友だちと遊んでいる暇もなくなる。精神的にもすさんでいく。モノの価値を正しく把握できなくなることもある。

本来、モノの価格は、そのものが生み出す価値と比べて高いのか安いのかで判断すべきだ。だけど手持ちのお金が少ない時、人は自分の所持金と比べて高いか安いかという判断をしてしまう。たとえば、一億円の原資で失敗するなら、本当は追加で一億円を調達して合計二億円かけたとしても、成功するほうがよいのだ。

「お金に縛られない生き方」をストレスなくするためには「お金」が必要だということを松島はよくわかっている。

だから愛車のレクサスにしても、車内で一〇〇V電源が取れたり、常時無線LANインターネットに接続できたり、数百キロのスピードが出るように改造してあったりと、自分たちにとって居心地の良い空間作りにはお金をかけるのだ（もちろん、こういった改造はすべて法律の範囲内で行っているときちんと断っておく)。

ところでスポーツカーに乗らない理由は他にもある。「ツーシーターの車には乗りたくない。突然友だちに乗って行きなよと言えないし、みんなで旅行に行く時に不便」だからだ。松島は、他者に富を自己満足的に見せびらかしたいわけではない。大切なのはここでも「友だち」なのだ。実際、彼の車には無線機が搭載されており、複数車両での移動中も、友だちとの会話を楽しめるようになっている。

松島は「友だち」や「仲間」のためなら惜しみなくお金を使う。たとえば青木の妻が「カニが食べたい」とぽろっとこぼした時のことだ。松島は突然羽田空港に行こうと言い出した。

その三時間後、僕たちは北海道の札幌空港にいた。プランは「カニを食べる」こと以外、特にない。ホテルも札幌空港に着いてから手配した。『ドラえもん』でスネ夫一家が札幌ラーメンを食べるためだけに北海道に行くというエピソードがあったが、まさか本当にそれをやってしまう人がいるとは知らなかった。

松島の「やりすぎ」エピソードはいくらでもある。慶應SFC時代の後輩が、文化祭の準備を徹夜でしていた時は、深夜のドン・キホーテでカゴ二〇個分相当もの大量の食料を買って届けた。大学のキャンパスに設置されていた自動販売機の飲み物を全商品、売り切れになるまで買って、差し入れにしたこともある。

青木が「最近映画を観ていないな」と言った時には、いきなりDVDを一〇〇本くらい部屋まで送りつけた。「仲間」のためには、きちんとお金を使う。「やりすぎぐらいでちょうどいい」は松島の口ぐせだ。

家族以上に家族

ゼントはメンバー全員が同じマンションの別の部屋に住んでいる。そして、仕事上のパートナーも徒歩圏内に住んでいることが多いので、急に打ち合わせが必要になった時にはすぐに会える。

松島の部屋には会議ができる空間も確保してあるので、僕たちは気が向いた時にはぷらっと赴く。そしてくだらない話をしたり、一緒にご飯を食べたりする中で、仕事の話にもなる。青木だけは結婚もして、子どもも四人いるから、よく青木家で夕食を一緒に食べたり、ディズニーランドへ遊びに行ったりする。青木の子どもたちは松島に懐《なつ》いていて、「まっちゃーん、まっちゃーん」とよくじゃれ合っている。

ディズニーランドへは、グループ企業やクライアントの家族と行くことも多い。小さい子どもがいる家族の場合、子どものお守りでアトラクションを十分に楽しめないことがある。それが松島たちも一緒に行けば、順番で子どもの面倒を見ればいいので、両親の負担も減る。彼らは「みんなが楽しめること」を大事にするのだ。それは家族以上に「家族」であるように見える。ある車メーカーがCMで「うちにいるより家族だね」というコピーを流していたことがあった。現代において「家族」とはもはや自明な存在ではない。何とか頑張って維持させなくてはならないものなのだ。逆に言えば、血縁関係でない人びとの集まりが、家族よりも「家族」らしいということも起こりうる。松島の周りに集まった人びとは、新しい「家族」であるように見える。

そもそも「お父さんが会社で働き、お母さんは専業主婦をして、子どもは学校に通う」という近代家族は日本では戦後になって普及したものだ。明治時代までの家族とは、今でいう会社や学校という役割も兼ねた職住一体の場だった。それは親族でない人とも一緒に住み、一生産組織として農業や林業などのプロジェクトを行う団体だった。新しいはずの起業家集団の生態が、実は明治時代以前の家族と似ている点が多いのは面白い。

家族的に働くということはONとOFFの境界線が曖昧《あいまい》だということでもある。だけど近代国家が大量に必要とした工場労働者と違って、現代社会で働く時にONとO

FFを厳密に切り分けるのは、とても難しい。

たとえばOFFの時に観た映画から素晴らしいビジネスモデルを思いつくことがあるかも知れないし、ONの時のほうが休日よりもリラックスできるかも知れない。だったら、ONとOFFを混ぜてしまったほうが効率的だ。普段と違う環境で打ち合わせがしたいといって、初対面に近いクライアントと東京ドームシティの遊園地でジェットコースターのサンダードルフィンに乗りながら、大規模プロジェクトの商談を進めたこともある。

松島たちは「仕事」の定義を聞かれると「僕たちにできること全部が仕事」と答える。プログラムを書くこと、システムを設計すること、ビジネスモデルを考えること、映画を観ること、友だちとご飯を食べること、遊園地でジェットコースターに乗ること、どれも厳密に「仕事」かそうでないかを切り分けることができないのだ。

パソコンに向かう時間は少ない

ゼントは一応、事務所も構えているが、それはただの「巨大な郵便ボックス」になり果てている。誰も出社しないからだ。会社には出社義務というものはない。それぞれが勝手に予定を組み、それぞれが勝手に活動する。複数人で行ったほうがいい会議や、協力したほうが効率のいい仕事がある時には電話をする。

しかし関係が殺伐とすることはない。それはお互いが会おうと思えば数分で会える距離に住んでいるからだ。

ＩＴ業界の仕事は、流行の「クラウド」や「ノマド」とも親和性が高い。確かに、松島たちの仕事はパソコン一台さえあれば、場所に関係なくどこでもできることが多い。極端なことを言えば、仕事をすべてメールなどオンライン上でのやり取りで済ませてしまうこともできるだろう。

だが松島は「人と実際に会うことこそが大事」なのだと言う。彼は、クライアントや仕事仲間と食事をしながら話すことを好む。ビジネスライクに時間を区切って、効率的に仕事をこなすというよりは、一見無駄とも思える話を長時間することも多い。

そこから新しいビジネスのアイディアが浮かぶことも少なくない。クライアントと会議をするのは「意識を合わせるため」だと松島は言う。そしてそれは実際に会っている時にしかできない。

たとえばいくらタスクを書き出してみたところで、根本的な「意識」が合っていなかったら、それがすべて無駄になるかも知れない。だから会っている時はずっと無駄とも思える話をして、具体的なタスクに関しては「後からメールで送ります」というのが理想的なミーティングだという。

そんな松島は、IT業界の人間であるにもかかわらず、普通の社会人よりもパソコンに向かっている時間が少ない。一応ラップトップやスマートフォンを持ち歩くことは多いが、なかなか連絡がつかないことも多い。

大手広告代理店のある部長は、「松島さんは、いつの間にか海外にいたり、極秘のプロジェクトに参加していたりするので、彼を捕まえることが一つの仕事になっています」と笑う（ごめんなさい）。

事務所自体に価値があるとは考えないが、仕事仲間が集う「場所」や、そこで生まれる会話を大切にする。彼は「無駄に思えるような話題を含めて、コミュニケーションそのものが大切」だと言う。

IT業界の起業家というと「新しい人種」を想像してしまいがちだ。しかし、松島たちの仕事の多くは「人と人がご飯を食べながら話す」というプリミティヴな時間の上に成り立っているのである。

大切なのは自分たちが楽しんで生きること

松島がクライアントに対してよく言う言葉がある。

「難しいことはいくらでもやります。ただし、ややこしい人とは仕事をしません」

つまり「本気を出したい」と思っていない人と仕事をするつもりがない、ということだ。無理をしてまで仕事をする必要はない。大切なのは、クライアントも含めた「自分たち」が楽しめることなのだ。

人生のほとんどの時間は、仕事をする時間だ。だから、仕事を楽しむということは、人生を楽しむということでもある。「人生をできるだけ本気で生きている時間で埋めたい。本気になれない人との仕事を引き受けて、それである程度儲かったとしても、もっといい時間の使い方があったんじゃないかとあとで後悔してしまう」と松島は言う。

だけど、ただ「楽しい」ことと、「楽しむ」ことは少し違う。松島たちが楽しい仕事を選んでいるというよりも、選んだ仕事を楽しんでいるといったほうが正確だ。

本来対価をもらう仕事が「楽しい」ことばかりのはずはない。だけど彼らは、一週間で数時間しか寝られないような一般的にはきついと思われる仕事であったとしても、合宿のようにして楽しんでしまう。楽しい仕事を選ぶというよりも、仕事自体を楽しんでしまうのである。

仕事自体を楽しめるかどうかは、単純な金銭的な報酬というよりも、人間関係が大きく影響してくる。イライラしながらする仕事より、その仕事から直接得られる収益が少なかったとしても、気の置けない仲間たちと本気で仕事を楽しむことを選ぶのだ。しかもそのほうが、「チーム」としての持続可能性も高まるから、中長期的に考えれば業績にとってもプラスだ。

また彼らは流行の社会起業家のように、その手で社会を変えたいとは表明しない。むしろ大切なのは友人関係であったり、自由に過ごす時間であったり、自分たちの身の回りの世界のことだ。

社会学者は「今時の若者」を指して「コンサマトリー化」という言葉を使うことがある。「コンサマトリー」というのは「自己充足的」という意味で、何かの目的に向かって頑張るのではなく「今、ここ」で仲間と楽しく過ごすことを重視するメンタリティのことだ。それを象徴するのは最近の若者の生活満足度の高さだ。

内閣府の「国民生活に関する世論調査」(二〇一四年度)を見てみると、二〇代の約八割が現在の生活に満足していると答えている。この数値は、若者よりも相対的に社会的地位も所得も恵まれた状況にあるだろう年配者よりも高い。また、高度成長の最中にあった一九七〇年代の若者と比べても、バブル景気の最中にあった一九八〇年代の若者と比べても、圧倒的に高い満足度を示している。

これは最近の「若者の貧困問題」や「世代間格差」を考えると不思議な調査結果にも思える。あれ、最近の若者って貧困に苦しんでいて不幸だったんじゃないの？　だが、ＮＨＫが実施している「中学生・高校生の生活と意識調査」や内閣府の「世界青年意識調査」「世界価値観調査」など他の統計を見ても、若者の生活満足度や幸福度は上昇している。

それこそが「コンサマトリー化」なのである。経済や政治など「大きな」問題に不幸を感じるのではなく、友人関係など身近な世界に「小さな」幸せを見いだす。

松島たちもまた「コンサマトリー」という点で、「今時の若者」との共通項を見いだすことができる。「やりたいこと」や「好きなこと」を仕事にしたいというのは、非正規雇用の若者もよく口にすることだが、それをたまたま実現してしまったのが松島たちなのである。

日常の延長としての「起業」

興味深いのは、松島を含めて、この本で扱っていく起業家たちの中に、「起業をしようと思って起業した」人がいないことだ。

一方、若者の中には、何のビジネスをするかも決めずに「社長になりたい」「ビッグになりたい」と夢を語る人がいる。

　僕がピースボートでインタビューをした時も、小山奈々美（一九八四年、兵庫県、エコでロハスな生活に憧れるものの、現在は大手コンサルティングファームで激務の日々を送る）のように「何か会社を起こしたい。自分たちで何かしたいんだよね。何をするかはまだ決まっていないけど」とただ「起業したい」という想いだけが先走っている人も多かった。

　一方で松島たちは、起業しようと思って起業をしたわけではない。好きではじめたプログラミングや機械いじりが、結果的にビジネスにつながっていっただけだ。「ただビジネスの規模が大きくなって、さすがに個人で引き受けきれなくなった」から、現実的な手段として法人化したに過ぎない。

　当たり前の話だが、「起業をしたい」「社長になりたい」という宣言ほど空疎なものはない。法人だけなら登記をすれば誰でも作れるし、税金さえ払い続ければ誰でも社長でいることができる。利益がない会社は法人企業税として毎年七万円だけを払えばいい。

　もちろん、「起業したい」という思いが先に立ち、必死にビジネスモデルを探して成功したリブセンスの村上太一（一九八六年、東京都、ももクロに興味がある）のような例もある。しかし、起業をして一定以上の成功を収めたいならば、何らかのビジネスモデルなり、他人がお金を出したいと思うような「専門性」が必要だ。

もちろん、「起業をしたい」「社長になりたい」と言ってしまう若者の気持ちもわかる。先の見えない社会で、いつまでも働けるかわからない会社で、つまらない仕事に時間を拘束されたくない。

それなら気の合う仲間と起業でもしたい。大きなビジネスをしたい。「起業」は、たとえばバックパッカーやワーキングホリデー、世界一周クルーズと同じく、閉塞感に包まれた日常の「出口」に見えてしまうのだろう。

だけど「日本に若手起業家が少ない」「若者よ、もっと起業しよう」というのは話が逆なのだ。起業しても食べていけるくらいの人脈も「専門性」もない人に、起業を勧めても無意味である。それは結局「希望難民」を増やすに過ぎないだろう。

『希望難民ご一行様』(光文社新書)という本で書いたように、「希望難民」とはやたら「夢を叶えよう」と自己啓発を言い立てられる社会で、「今よりも輝く自分がいる」と現実と希望のギャップに苦しんでしまう人のことである。

政策として行えることがあるとしたら、「起業しやすい環境の整備」などという漠然としたものではなく、ましてや起業件数の数値目標を立てることでもない。まずは

「起業」を可能にするような「専門性」や「場所」をいかに若者に与えていけるかを考えることから始めるべきだろう。

会社は立ち上げることよりも、続けることのほうがよっぽど難しい。しかも、一度会社を立ち上げてしまったら元のレールに戻ることは難しい。技術者は別として、「起業に失敗した元経営者」を雇いたい会社は、現代日本ではまだまだ限られている。

特に有名大学に通う若者たちならば、大企業に入ったほうが確実に自分のキャリアを積むことができる。起業志向があるなら、そこで経験を積んでからスピンオフしたほうがいい。一か八《ばち》かのベンチャーを立ち上げるリスクはあまりにも大きい。

だから「リスクを恐れるな」だとか「画期的なビジネスモデルを考えろ」というお題目だけを与えるばかりの「起業家教育」には何の意味もないだろう。

「起業」はあくまでもスタートであって、ゴールではあり得ない。そもそも「画期的なビジネスモデル」で成功している企業がどれだけあるのだろう。そして本当に優れたビジネスモデルなのであれば、資本力のある大手企業に真似されるのが関の山だ。

「自分らしく生きたい」

もしも松島たちの「成功」の一因を挙げるのだとしたならば、彼らの「好きなこと」がお金になることだった、というのが大きいだろう。実際、ビジネスモデルが特に画期的だったわけではないし、大学での起業家教育が役に立ったとも思えない。「成功」を下支えする一つが開成学園や慶應義塾大学といういくつものネットワークだったのは間違いない。松島自身は「成功」の理由をこう語る。

「成功の理由というか、そもそも今が成功なのかどうかもわからないけど、少なくとも今は幸せだよ。『仲間と楽しく生きる』ってことを真剣に考えて、お金以外の大切なものに気づいた時から、『今』がはじまったんだ。お金だけを儲けようと思ったら、もっと違う会社になっていただろうし、もっと違う生き方をしていたと思うよ。以前、青木さんの健康診断でガンの腫瘍マーカーが出た時に、後日精密検査で問題がないことがわかったんだけど、自分自身があと半年で死ぬとしたら何をするかって真剣に悩んだ時期があって、何日も考えていたんだけど、出た結論はすごくシンプルだった。

自分が死ぬとわかった半年間であっても、結局のところ残った時間は自分らしく生きるしかないんだなあって。そう考えたら、ちゃんと今も自分らしく生きてるんだったら、あと半年と知らされたからといって、生き方を変える必要なんてないんだってね。むしろ、今自分らしく生きているか心配になっちゃったくらい。結局、僕には僕らしい生き方しかできないし、それを続けたら今になったんだよ」

松島たちが行ったのは「起業」という特別なことというよりは、あくまでも「日常」を続けたこと、それ自体なのである。

第二章　東京ガールズコレクションの正体

女の子たちを熱狂させる現代の祝祭、東京ガールズコレクション。そのプロデューサーを務める村上範義の横顔に迫りながら、この章では巨大な祝祭の仕組み、スピリチュアルブーム、魔術化する社会の様子を描いていく。本章の内容は二〇一一年一月から三月にかけて村上に取材した内容が元になっている。その後も村上とはよく会うので、部分的に情報をアップデートしている。

〔スケッチ2〕

ノリくんは……不思議な人ですね。なんていうか、ぶっ飛んでる。アドレナリン垂れ流し人間。(佐藤健、俳優)

〔スケッチ3〕

ノリさんと初めて会ったのはまだ高校生の時。当時、高校生としてはかなりお金を稼いでいたと思うけど、仕事が全然面白くなくなってたんだ。仕事がただの「お金を稼ぐための手段」になっちゃってたから。だから、「今、一番面白そうなことをしている人」を心底探していた。

それで共通の知人を介して紹介されたのが、まだ大学生だったノリさん。学生向けの大規模なイベントを主催したり、学生と出版社をつないだりして、楽しさと仕事を両立させるノリさんは、とても魅力的だった。

それからもう一〇年くらい友だちかな。仕事でも東京ガールズコレクションに関わってるし、プライベートでも色々と遊んでる。今年の初めはノリさんに連れられて、伊勢神宮のかがり火奉仕に行ってきたよ。一〇時間以上、夜通しで火を焚《た》いてた。すごく大変だったけど神秘的な体験だった。（松島隆太郎、経営者）

1　走り続けるプロデューサー

日本最大の祝祭

二〇一一年二月一九日ナゴヤドーム。約四万人の歓声。光と音の洪水。熱狂に包まれながら、思わず「これが二一世紀の祝祭なのか」と、つぶやいていた。

僕は、ナゴヤドームで開催された「東京ガールズコレクションin名古屋」というイベントに来ていた。

「東京ガールズコレクション（TGC）」というのは、二〇〇五年に始まった女の子のためのファッションフェスタだ。約二〇のブランドによるリアルクローズ（現実で着られるような実用的な服）のファッションショー、人気アーティストのライブなどを中央ステージやランウェイ（花道）で繰り広げながら、会場にはフードコートや協賛企業によるブースなどを並べている。

最近では東京や名古屋、沖縄など国内のみならず、北京や上海といったアジアの都市でも開催される国際的なイベントになった。

東京では何度も開催されているTGCだが、名古屋での開催は今回が初めて。それにもかかわらず、過去最高の三万九八〇〇人の来場者を記録した。観客の中心は二〇歳前後の女の子。ファッションのイベントに来るだけあってオシャレな子が多い。

開演は一五時で、ラストステージが終わったのが二一時。ディズニーランドのパレードが六時間続いたような光景をイメージしてもらうといいかも知れない。新聞の保守的な表現を借りると、「人気モデルが一堂に会し、最新ファッションで次々と登場、詰めかけた若い女性らを魅了した」みたいな感じ（「八万の瞳キラキラ」『中日新聞』二〇一一年二月二〇日朝刊）。

我慢が足りない「ゆとり世代」だ、「モノを買わない嫌消費世代」だ、などと好き勝手言われることが多い最近の若者だが、少なくともTGCに来ている女の子たちは、六時間も続くステージを飽きもせずに、しかも安くはないチケットを買ってまで観に来ている。

メインステージに一番近いアリーナ席が一般料金一万五〇〇〇円、スタンド指定席で七五〇〇円、スタンド自由席で五五〇〇円（当時）。有名アーティストのライブとあまり変わらない価格設定だ。このチケットが開催日前には、ほぼ完売してしまう。会場には一〇〇〇人以上の行列が朝からできることも珍しくない。

しかも、ライブはアーティストにとって「発表の場」だが、TGCは多くのブランドにとっての「プロモーションの場」でもある。いろんなモデルが現れてはブランドの紹介はもちろん、映画やテレビのPRまでしていく六時間のショー。

テレビで言えば、コマーシャルタイムに近い。いわばお客さんは、「広告＋α」を見るために、お金を払っているということになる。「モノが売れない」「若者はお金を使わない」と嘆いている人には信じられない話じゃないだろうか。TGCは推計七〇〇〇億円ともされる「ガールズ市場」の牽引《けんいん》役としてよく例に出される（山田佳子『東京ガールズコレクションの経済学』中公新書ラクレ）。

もちろん、その成功はTGCに様々な秘密が隠されているからこそ可能になったことだ。

「TGCなんて聞いたこともない」という人も、ちょっとはTGCの秘密を知りたくなってきただろうか。社会をナナメから見がちな僕のような人間から見ても、TGCはすごく良くできたエンターテインメントだと思う。

本章では、TGCを陰で動かす若きプロデューサーの素顔に迫る。そして、現代社会における祝祭の意味を考えながら、TGCの「正体」を明らかにしていきたい。

携帯電話三台、着信件数二〇〇件

携帯電話は常に三台持ち歩く。一台は電話用、もう一台はメール用、そしてiPhone。一日にかかってくる電話は二〇〇件近くになることもある。アドレス帳に登録された人数は二〇〇〇件をくだらない。「中村」さんだけで七人、「橋本」さんだけで六人もいる。予備のバッテリーは五個、持ち歩いている。

一台の携帯で電話しながら「今から資料を送ります」ともう一台の携帯でメールを送る。その間にも、手元にある資料を読んだりしている。そんなことをするのはイメージ上の勝間和代（一九六八年、東京都、会うと意外と小柄）だけだと思っていた。

しかし、今僕の目の前にいる人物は、まさに「そんなこと」をしている。TGCプロデューサーの村上範義（一九八一年、愛知県、愛称「ノリくん」）だ。二〇代の時からTGCのキャスティングを一手に手がけてきた、TGCの中心人物の一人である。

六時間にもわたるファッションイベント。約二〇ものブランドが参加し、モデル、アーティスト、タレントなど一〇〇人以上が出演する。関わるスタッフの数は、おそらく一〇〇〇人を超えるだろう。しかも、複数の企業、芸能プロダクション、官公庁までが関わる事業だけあって、バランスの調整にも細心の注意がいる。

どのタレントはどの企業と契約しているから、どの企業の話をさせてはいけない。その複雑に絡《から》まったネットワークの中心に村上がいる。

そりゃ、忙しい。

お風呂でもトイレでも、起きている間は基本的に電話に出るか、すぐにかけ直すようにしている。それは「僕に電話をかけてくる人は、僕よりも忙しい人ばかりだから」だ。芸能プロダクションの関係者、大企業の重役、村上が交渉する相手は常に時間に追われている。

確かに村上の電話を聞いていると、大物芸能人の名前や有名企業の名前が次々に出てくる。その場で大きな仕事を決めてしまうこともある。迅速な電話対応をする、というのは村上のビジネスパートナーに対する信念や敬意の表れなのだろう。

あるパーティーの場では、モデルの女の子に「村上さんっていえばいつもインカムをつけて電話してるイメージ」と揶揄《やゆ》されていた。村上いわく、インカムをつけるのは「携帯の電磁波を避けるため」だ。インカムをつける前は、日々頭痛に悩まされていたという。

寝る暇はあるのかと聞いたら「睡眠は大切にしています」との答え。一日五時間は寝るようにしていると言う。だけど本当に寝ているかは怪しい話で、深夜二時に会社から電話が来たり、早朝からばっちり仕事をしていたりする。

「芸能プロデューサー」から遠く離れて

「芸能関係のイベントのプロデューサー」というと、モデルの女の子を常に近くに侍《はべ》らせてウハウハする趣味の悪いサングラスを掛けた恰幅の良いおじさん、みたいな図が浮かんでしまうが、村上の姿はそれとは対照的だ。

身長一七六cmで、体重六〇kgのスリムな体型。アンドゥムルメステールとかダミールドーマとか名前からしてオシャレな名前のブランドの服を着こなしている。ぎらついた印象もなくて、「好青年」という言葉がよく似合う。

周囲に村上の印象を聞くとまず返ってくるのが「ミントの風が吹いている」「とに

かく爽やか」という声だ。あるファッションモデルの言葉を借りれば「笑顔が素敵で、常にキラキラオーラが出ている人」。

名古屋でのTGCが終わった後の打ち上げ。村上は色々な人に挨拶をしながら会場を回っていた。女の子に鼻の下を伸ばす暇なんてなさそうだ。二次会で行ったカラオケでも、部屋の隅でパフェを食べながら、関係者たちと次の仕事の話をしていた。

よくよく観察していると、部屋の温度を調整したり、今夜のホテルを取り損ねた人のために手配をしてあげたり、少しも「芸能関係のイベントのプロデューサー」っぽくない。なんていうか、お嫁さんにしたいような、すごくいい人。

後にその時のことを聞くと、「あの日は盛り上げ役の人が何人もいてくれたから。その場のバランスを考えますね」という答えが返ってきた。そこにいるメンバーの雰囲気、役割を見渡しながら、一番不足している役割を自分が担うという。

「自分が関係している場で、『つまんなかった』と思って帰る人がいるのは嫌だから」とさらっと言う。どうやら村上は二次会の場までをプロデュースしていてくれたらしい。

会の終盤、誰かと仲良くじゃれ合っている村上を見つけたが、その相手はモデルの女の子、ではなくて、東海中学・高校時代の先輩である澤田俊介（一九八一年、愛知県、イケメンなのにいい人）だった。

村上の一年先輩にあたる澤田は、村上のことを「志《こころざし》が高くて、大学時代に俺らが遊んでいる間も、毎日色々な人と会って人脈を広げていた。モンスターみたいな奴」と表現する。「高校の時はやんちゃなところもあったけど、大学に入ってからノリは、本当に一日一日を大切にしていた」。

大学時代からプロデューサー

愛知県出身の村上は、早稲田大学社会科学部へ進学した。村上の今へつながるキャリアは、大学時代から始まる。きっかけは一九歳の頃、出版社の仕事を手伝うようになったことだ。主な仕事はモデルの女の子の派遣や、女性誌への企画提案だ。

一〇代から二〇代向けのファッション雑誌は、膨大なモデルなしには成り立たない。特に村上が大学生だった二〇〇〇年頃には「読者モデル」が雑誌にとって必要不可欠な存在になっていた。

村上が得意としたのは、雑誌編集部の希望に応じて、女の子を斡旋《あっせん》することだ。たとえば「明日までに女子大生が五〇人必要」と言われれば、自分のネットワークを駆使して、その通り五〇人の女の子を集めてしまう。村上は「コンサバ系のキャリア志向の女の子」「朝六時に渋谷に来てくれるうちの雑誌に合う子」などの要求に次々と応えた。

出版社の間でも「村上くんっていう面白くて仕事ができる大学生がいるよ」と噂になり、仕事の規模はどんどん広がっていった。出版社側からしたら、村上は非常に使い勝手のいい人材だっただろう。おまけに爽やかだし。

はじめは完全に個人として仕事を請け負っていたが、受ける案件の規模や金額が拡大するにつれ、周りからの勧めもあり会社を起こした。

第一章でも触れたように、うまくいっている若手起業家には「社長になりたいから起業しました」という人は少ないと思う。もちろん「起業したい」という思いが先にあって、一定の成功を収める場合もあるだろう。ただしその場合でも専門性や社会関係資本（つながり）は必須だ。

起業は登記さえすれば誰でもできる。大切なのは、起業することそれ自体ではなく、人がお金を出したいと思うような「専門性」や、ビジネスモデルをいかに持てるかということだ。

村上が大学生の時に気がついた自分の「専門性」とは、「人と人をつなぐ力」だ。

自分の持つ様々なネットワークや資源を駆使して、最高の組み合わせを作り出す。

「人と人をつなぐ」ためには、その人を知っているだけでは足りない。その人たちが所属する「世界」のことを知らなくてはならないからだ。

その意味で村上の仕事は、翻訳家に近い。彼はルールの違う複数の「世界」をつなぐのがうまかった。それぞれの世界へのケアも忘れない。大学時代は、毎日のように女の子の悩み相談にのっていたという。彼が仕事を始めてから派遣したモデルの数は、のべ五〇〇〇人。クレームを受けたことは皆無に等しかった。いかに村上が、優秀な翻訳家だったかがわかる。

大学生だったにもかかわらず、これだけ仕事が順調だった村上。しかし彼は、就職活動を始める。もちろん、急に将来が不安になったからではない。むしろ、就職活動をすることは大学入学時からずっと決めていたことだ、と言う。

村上が目的にしたのは、「大企業」という世界を新たに増やすことだ。「よく会社をやっている人って大企業のことをバカにするけど、まず自分で大企業のことを確かめてみたいと思った」のだという。

その時村上はすでにいくつもの世界を持っていた。自分で会社をやっていたから「起業家」の世界も知っているし、早稲田大学という「いい大学」の世界にも知り合いがたくさんいる。そして「出版業界」、そこから派生した「芸能業界」。そこに「大企業」という世界を付け加えようとしたのだ。策略家だ。ていうか、だいぶ欲張りだ。見た目、こんなに爽やかなのに。

村上が選んだのはリクルートという会社だ。「ゼクシィ」や「ホットペッパー」「リクナビ」で有名な広告・出版の大手企業である。

しかし、村上はリクルートを結局一ヵ月で退社してしまう。社員が何千人もいるため、一人一人にできることは非常に限られてしまう、大学時代に築いたせっかくのネットワークも活かせない、というのが理由だった。

村上は、「ちょっと不遜《ふそん》な言い方になるけど、大企業だと自分で上司を選べない。やはり働く相手は自分で選ぶべきだということがわかった」と語る。大丈夫です、村上さん、何を言っても不遜さを感じないくらい爽やかなんで。

どちらにせよ、村上に「リクルート」という世界が増えたことに違いはない。入社前を含めてリクルートでも人間関係は広がったし、経歴にも「リクルート」という社名が加わる。「しょせん、ベンチャーしか経験したことないんでしょ」とマイナスに見られることもなくなる。

東京ガールズコレクション始まる

村上がリクルートを辞めた後に選んだのは、F1層を対象にしたファッションベンチャーへの入社という「世界」の増やし方だ。日本最大級の女の子向け携帯ファッションサイト「girlswalker.com（ガールズウォーカー）」の運営で知られた企業である。ガールズウォーカーとは、トレンド情報、通販、占いなど、女の子に人気のコンテンツ満載のポータルサイトだ。

実は、そのガールズウォーカーの五周年記念イベントとして構想されたのがTGCなのだ。村上は、大学時代にその会社の社長に出会っている。彼らが始めようとしているTGCというお祭り。そのTGCに立ち上げから関わりたいという思いが、リクルートを辞めた理由でもあった。まさに、自分の持っている様々な「世界」を活かせると思ったのだ。

こうして村上は、「ベンチャー企業の社員」や「TGCのプロデューサー」という新たな顔を、自身のキャリアに付け加えた。

ベンチャー企業の社員になったといっても、村上の働き方は独特だ。まず気付くのが、「企業」という枠に縛られていないということ。TGCに関わる人々は、企業としてではなく、村上個人との信頼関係をベースに参加していることが多い。

名古屋で行われたTGCには、多種多様な業界の人間が「個人」として関わっていた。たとえば、第一章で取り上げた松島隆太郎もなぜかTGCの実行委員に名を連ねていた。ファッションにまったく無頓着で、三日間同じような服を着ていても気にしない松島がなぜファッションのイベントの実行委員に、と僕が一番疑問なのだが、村上と松島はもう一〇年近くの友人でもある。

また、松島を介して、一見ファッションとはまったく関係ない業界の人たちが、TGCに関わるようになる。それは「村上がいるから」「松島がいるから」という人のつながりで彼らが仕事をしているからだ。

TGCはこうした属人的なつながりが集積している場所だ。

「就職活動」をして村上と働くようになった人は少ない。たとえばTGCのキャスティングをサポートする西原基熙《もとき》（一九八五年、大阪府、いつだって関西弁）は学生時代から村上を知っていて、「気付いたら魅力にひかれて村上と働くようになっていた」という。また、村上が大学時代に立ち上げた会社は、現在、村上の実弟が経営を任されている。

モデルやコンパニオンの手配に尽力した澤田俊介は、普段は家業である自動車部品関係の老舗《しにせ》企業で働いている。数年前から村上に誘われていたのだが、TGC in名古屋から本格的に関わることになった。澤田は村上の中学からの先輩にあたり、その時以来の親友でもある。

村上は、「仲間と仕事をする醍醐味《だいごみ》」を熱く語る。実は、村上がプライベートで付き合いのある人は、一緒に仕事をしているメンバーであることが多い。「限られた人生の中で、せっかく仕事をするなら、あうんの呼吸で通じる最高のメンバーで一緒に笑って、一緒に泣きたい」という。仕事もできて、一緒にいて楽しい。そんな仲間とともに村上は働く。だから「働くことにストレスはまったくない」と断言する。爽やかに。

ツイッターもフェイスブックも使わない

村上は今でも「翻訳家」として、人と人を引き合わせるということをよく行う。松島をはじめ、村上を知る人が口を揃えたように言うのが、「村上さんが紹介してくれた人は間違いがない」という台詞《せりふ》だ。

村上は、人と人を会わせるタイミング、事前情報の伝え方、実際に対面する場所の環境などに驚くほどの気を遣っている。だからこそ、村上のまわりのソーシャルネットワークはどんどん広がっていく。

彼が最も重視するのは一対一のコミュニケーションだ。携帯電話は生命線のようなものだが、他のメディアを村上はほとんど使用しない。ツイッターもフェイスブックも、登録して少しはいじってみたものの、最近はずっと放ったらかしたままだ。

ただし最近LINEは頻繁に使う。携帯電話のように一対一のコミュニケーションができるからだろう。忙しいのに、よく変なスタンプを送ってくれる。

村上のビジネススタイルというのは、実は「古風」なものだ。企業単位ではなく、人と人をつなぐ。つまり、ブランドや法人格といった「システム」に対する信頼ではなくて、村上個人のパーソナリティという「人格」に対する信頼によって、彼の仕事は成立している。この「人格」に依拠して、ネットワークを広げるという仕事の仕方は、人類史において交易の始まりと同じくらい「古風」である。

「古風」と言えば、村上は今時珍しいくらい「暑苦しい」。見た目や雰囲気の爽やかさはさんざん強調してきた通りだが、彼の周囲は「親しくなればなるほど、村上が暑苦しい人間だということに気付いた」と語る。付き合いの長い人は口々に「熱くて誠実」「今の時代の侍」「常に全身全霊で人生を楽しんでいる」と村上の内面における「暑苦しさ」を語る。

確かに村上の一連の言動はある種の「暑苦しさ」がないとできないことだ。数万人規模のイベントを、その中心で動かすということは、ただの爽やかなだけのお兄ちゃんにはできない。

このあたりが、よく語られる「最近の若者」とは違う。何かの目的のために頑張るわけではなくて、「今、ここ」で仲間と同じ時間を過ごすことを大切にする。そんなコンサマトリーな価値観を持つ若者とは違い、村上は「今、ここ」にとどまることに少しも満足はしない。

インストゥルメンタルな若者

「成功してしまったものは、もう過去のものなんです」と言い切るように、考えるのは常に「次の」成功だ。

村上は、一緒に食事をする人、何気ない会話をする友人までを含めて、「無駄な」ものは何一つないように心がけているという。「コンサマトリー」の対義語として、社会学者は「インストゥルメンタル（手段的）」という言葉を使うが、まさに村上の生き方にふさわしい形容詞だと思う。

「気の合う人同士で協力するのは、普通の人でもできること」と言う彼は、あらゆるタイプの人と「適切な」関係をとり続けるようにしている。前述したように、村上が多くの時間を共有するコアメンバーには、プライベートでも付き合いの深い友人が多い。だけど、決して仲間とだけ仕事をするというわけではない。

村上は、初対面で「ちょっと苦手」と思った人とも、関係を断ち切らないようにしているという。なぜなら「どんな人でも、二割は協力できる部分があるかも知れない」と思うからだ。だから村上は、適切な人々と、適切な距離を、適切なタイミングでとり続けるようにする。そのアレンジが絶妙だから、村上は多くの人に好かれてもいるのだろう。

タスクワークも徹底的に合理化されている。たとえば、パソコンや携帯電話では一文字打つだけでほとんどのメールができ上がるようになっている。「い」と一文字打てば「いつもお世話になっております。東京ガールズコレクションの村上です。」、「お」では「お疲れ様です。」や「お手数をお掛けしますが、宜《よろ》しくお願いいたします。」という文章に変換されるのだ。

会食をした後は、着信の数によってその後の行動が決まる。数件の返事をするだけでいいならタクシーに乗るが、一〇件電話を返さないといけないとしたら、次の目的地までは歩いて行く。「ただ電話をするだけでは無駄。歩きながら電話をすれば運動にもなるし、街のパワーや大地のパワーを感じることができるから」だ。

だがいったい、村上がここまで走り続けるのはなぜなのだろうか。村上自身が言うように「こんな働き方は六〇歳になったらできないかも知れない」。では、彼はどこへ向かおうとしているのか。その向かった先には何があるのか。

そのことを、村上の個人的なライフストーリーを一度脇に置いて、もう少しマクロな目線で考えてみたい。その問いを解くためのヒントは、「祝祭」というキーワードに隠されている。ここからは、TGCという現代社会に現れた巨大な祝祭空間の正体に迫っていこう。

2　現代社会の祝祭

女の子のためのパワースポット

村上はTGCのことを「女の子のためのパワースポットなんです」と表現する。「自然の中で力を得られるのと同じように、来てくれた女の子が元気になる場所を作っていきたい」のだという。

僕は村上から何度かこの台詞を聞いたことがあるのだが、最初はよく意味がわからなかった。村上が、平均年齢が五〇歳くらいの異業種交流会にゲストとして呼ばれ、「TGCはパワースポット」と発言した時も、会場のおじさん、おばさんはポカーンとしていた。

だけど、よくよく考えてみると、その表現は言い得て妙だなと思うようになってきた。たとえば、TGCという六時間のファッションフェスティヴァル、それは古来、「祝祭」や「儀式」「お祭り」と呼ばれてきたものと多くの特徴を共有している。

人類の祝祭の構造というのは、実は古代からあまり変わっていない。基本的に祝祭というのは、一定のリズムで繰り返される言葉（お経や念仏、聖句）、音楽（歌、太鼓など）、光と映像（ろうそくや絵画）、香り（線香、香煙）の組み合わせで、人の感覚・運動器官を刺激することで成り立っている。

神経学的に言えば、一定の間隔で繰り返される音楽や光などの感覚的な刺激は、自律神経系の中枢、視床下部《ししょうかぶ》の活動を活性化させるという。この視床下部の活性化が海馬《かいば》に伝わり、結果的に頭頂葉の機能を低下させる。この頭頂葉の機能低下こそが、人に不思議な感覚を与えて、一種の恍惚《こうこつ》状態をもたらすのだという（村本治『神の神経学』新生出版）。

TGCでも音楽の選曲の仕方、スモークや炎を効果的に利用した照明など、祝祭の基本的な文法をうまく押さえている。それは、カリスマやスターが、歓声と光と音の中で作られることをTGC側が熟知していると言い換えてもいい。ちなみに、演出家の中には「宇宙的なこと」が好きな人がいて、TGCには様々な隠しコンセプトが仕掛けられているらしい。彼には「ステージが波動で見えている」という。

だが、「TGCが女の子のためのパワースポットなんです」という表現に同意したのは、そういった物理的・空間的な理由からだけではない。もっと大きな視点から考えても、やはりTGCには「パワースポット」という言葉がふさわしいのである。

再魔術化する社会

「スピリチュアル」ブームに代表されるように、現代において「パワースポット」は、ますます人々から求められるようになっている。それは社会学者が「再魔術化」と呼ぶ現象とも符合する。

僕たちが生きる近代社会は、ずっと「魔術」から解き放たれた世界だと考えられてきた。『ドラえもん　のび太の魔界大冒険』という作品で、出木杉《できすぎ》くんはのび太に次のように説明している。

魔法も昔はきちんとした学問として研究されていた。昔の人々は、神や悪魔や精霊など、世界が人間以上の大きな力で動かされていると信じていた。だから、その大きな力を味方につけたいと考えた。だけど、後から発達した科学がそれまでの迷信の嘘を徹底的に暴いてしまった。さすが出木杉くん、小学生とは思えない賢い説明だ。

出木杉くんの話を補足すると、迷信や呪術など神秘的なものが広く信じられていた中世と違って、近代社会というのは、「科学」などの合理性によって支配される時代である。

僕たちは「感情」ではなくて、「論理」でモノを考えるように教わる。「迷信」を信じるのではなくて、「科学的」な発想をすることを求められる。

こうして「魔術」から遠く離れ、合理的で理性的で論理的な「脱魔術化」した世界が誕生した、はずだった。

だけど、世界中で一九七〇年頃から不思議な現象が観察される。ニューエイジと呼ばれる東洋思想の再評価、反科学主義、反近代主義などの運動が盛り上がったのである。あれ？　世界は「魔術」と決別したはずだったのに。

日本でも一九七〇年代に空前のオカルトブームが起こっている。一九七三年のノストラダムス（一五〇三年、プロヴァンス、料理研究家としても著名）ブーム、小松左《こまつさ》京《きょう》（一九三一年、大阪府、大阪万博でも活躍）の小説『日本沈没』の大ヒット、一九七四年のユリ・ゲラー（一九四六年、テルアビブ、公式サイトがやたら充実している）によるスプーン曲げブームなど終末論的なカルチャーが日本を席巻した。

さらに、一九八〇年代もUFO、宇宙人、ネッシー、土偶などがテレビや雑誌など多くのメディアを賑《にぎ》わせた。当時の別冊宝島『精神世界マップ』では、『『理性の時代』から『精神の時代』へと、いま、歴史の流れは大きく転換しようとしている』と宣言されている。

同書によれば、産業主義と科学文明が地球を荒廃させ、人々の内部にエコロジーの意識が芽生えはじめている。そして、物質主義的な価値観に縛られた「私たちの魂《たましい》はひからびて、縮小してしまっている」。だからこそ、「精神世界」がますます求められるようになっているのだという。

このように、一度は「魔術」から解き放たれたかに見えた世界で、再び「呪術的なもの」や「神秘的なもの」の広がりが「再魔術化」と呼ばれているのだ。

統計的に見ても、「宗教的なもの」を信じている人の割合は増加傾向にある。

日本人はよく無宗教で、信仰を持つ人は少ないと言われる。事実、複数の世論調査を見ても、「信仰を持つ」と答える人の割合は三割を切っている。だけど、NHK放送文化研究所の調査によれば、「キリスト教」や「イスラム教」のような個別具体的な宗教ではなくて、「あの世の存在」「奇跡」「お守り、おふだの力」など「宗教的なもの」を信じる人の数は決して少なくない。そして、その割合は一九七三年から二〇〇八年の間に若年層・中年層では倍増している。

たとえば、「奇跡」の存在を信じる若年層は一九七三年には一八％だったのが、二〇〇八年には三八％までになっている。現代日本で流行するのはただの宗教やオカルトではなく、カジュアルでライトなスピリチュアルが主流なのである。

なぜ「再魔術化」が起きたのだろうか。理由はいくつか考えられるが、大きな理由の一つは、先進諸国がもう十分に物質的に豊かになってしまったことだ。「経済成長」というわかりやすい目標がある時代には、人々はただその目標遂行に向けて合理的に、論理的に動く必要があった。

だけど、高度経済成長を達した国に訪れるのは、もはや社会に共通目標がないという状態だ。経済成長を止《や》めたからといって、明日から飢え死にするわけでもない。もう冷蔵庫や洗濯機などの生活必需品は十分に行き渡ってしまった。だから、物質的な豊かさではなくて、精神的な豊かさを求めたいと思う人が増えはじめる。

それは、人々が論理ではなくて感覚で生きることのできる世界でもある。たとえばモノが欠乏している社会では実用性や合理性が大切にされる。だけど、モノが行き渡った社会では、デザインやブランドなど「必ずしも必要のないモノ」が感性によって選び取られるようになっていく。

言い換えれば、国家を挙げての近代化のために無理をして論理的に、科学的になろうとしていた「脱魔術化」自体が一つの魔法で、その魔法が解けはじめたのが一九七〇年代なのである【図1】。

男の子のオカルトから女の子のスピリチュアルへ

ただし一口に「再魔術化」と言っても、一九七〇年代に流行した「魔術」と、二〇一〇年代の「魔術」ではだいぶ毛色が違う。「ノストラダムス」や「宇宙人」というのは、世界の終わりを空想したり、今いる世界とは別の世界を求めたりするという意味で、「ここではないどこか」を求める思想だった。

そういった「男の子のオカルト」に代わって二〇〇〇年代に台頭したのは、「女の子のスピリチュアル」とも呼べる現象だ。「女の子のスピリチュアル」は、「ここではないどこか」を探し求めるというよりは、むしろ日常生活を彩るスパイスのようなものである。

二〇〇一年頃、「スピリチュアル・カウンセラー」を名乗る江原啓之《えはらひろゆき》（一九六四

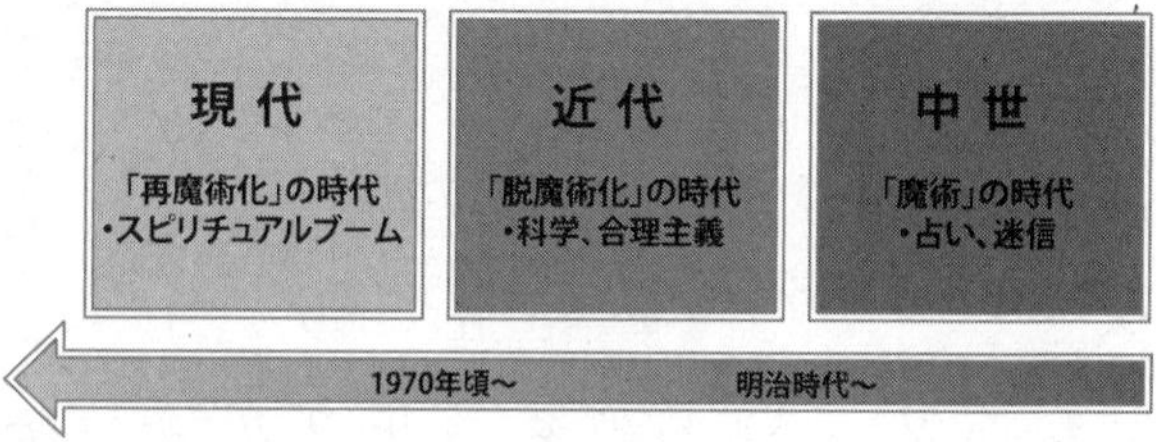

【図1】「宗教的なもの」の時代変遷

年、東京都、オペラ歌手としても活躍）が注目を浴び、「スピリチュアル」という言葉は一気にメジャーになった。それはオウム真理教の影を引きずった「精神世界」や「宗教」というイメージを一新させるものだった。「オカルト」と違って、「スピリチュアル」はポップでオシャレなのだ。

女性誌『クレア』も二〇〇六年一月号で、巻頭特集として国内外の「パワーと幸運を授かる」「スピリチュアルリゾート」五〇ヵ所を掲載。「魂を呼び覚ますパワースポット」として、セドナのリゾートホテル群などが特集されていた。

そして二〇〇九年から二〇一〇年にかけて、日本では空前のパワースポットブームが起きた。連日のようにメディアで特集が組まれ、全国の神社仏閣に多くの女性が訪れた。特に伊勢神宮の二〇一〇年の参拝者は八八三万人を超え、記録の残る一八九五年以来最多の数を記録した（式年遷宮のあった二〇一三年には一四二〇万人が参拝、その数字をさらに更新した）。

だけど、パワースポットを訪れる人は、誰もが真剣に神秘体験を望んで参拝しているわけではない。僕がインタビューした限りでは、むしろ観光気分、遠足気分で神社に訪れている人のほうが多かった。

たとえば二〇一〇年の五月、群馬県の榛名《はるな》神社で話を聞いた時のことだ。女子大学生の二人組は神社に来たのを「パワースポットが理由です」とにこやかに語る。彼女たちの趣味はもともと心霊スポット巡りだったという。

しかし「悪い場所をまわると悪いものがつきすぎるかな」と思い、今回はパワースポットで「力をチャージ」しに来たというのだ。彼女たちが「スピリチュアル」なものをまったく信じていないわけではないが、過剰に信仰しているわけでもないことがわかる。

ということは、パワースポットは何も神社や仏閣である必要はない。

「あの世の存在」や「奇跡」を信じるという態度は、日常生活の中にささやかな非日常を求めることでもある。彼女たちが求めているのは、一見代わり映えのしない日々の中での、ちょっとした非日常なのだ。

一時期と比べるとパワースポットブームは落ち着いたが、今でも「超魔術」と呼ばれるスタイルで人気を博したメンタリストＤＡｉＧＯ（一九八六年、静岡県、彼のメンタリズムも天真爛漫なモデル、ローラには通用しないという）など、広義の「スピリチュアル」ブームは続いている。

そう考えると、ＴＧＣが「女の子のためのパワースポット」という村上の発言も、とても納得できる。退屈な日常を抜け出して見る六時間の夢。それは、かつて神社や寺院を舞台に行われた祭礼と非常に似ている。「ケ」という日常から、一瞬だけ「ハレ」という非日常にトリップができる現代の祝祭の一つが、ＴＧＣなのだ。

事実、アメリカの社会学者ジョージ・リッツア（一九四〇年、ニューヨーク、「マクドナルド化」などポップな概念を作ることで有名）は、「再魔術化」を消費と関連づけて議論している。

リッツア先生によれば、「再魔術化」というのは、まさに消費が生み出すトリップや高揚感のことだ。『消費社会の魔術的体系』（明石書店）で、おじいちゃんは、ラスベガスやドバイの絢爛《けんらん》豪華で巧みな消費施設にとにかく驚き続けている。

消費と祝祭が結びついたところに、ＴＧＣの現代的な特徴がある。リアルクローズのショーだから自分に似合った服も選びやすいし、携帯電話を使ってその場で服を買うこともできる。まさにTGCは「二一世紀型の祝祭」なのである。

日本最大の祝祭の仕組み

TGCという「パワースポット」は、周到な設計の上に成立している祝祭だ。僕が一番うまいなと思ったのは、ステージ、ランウェイ周りの最前列部分をスタンディングの自由エリアにしていることだ。

つまり、最前列の特等席は、いくらお金を出しても買うことができない。朝から並んだ熱心な子たちが、一番良い場所で見られるという仕組みだ。しかも場所の確保はできないから、一度そこから離れたらまたはじめから並び直しになってしまう。

関係者でもなく、お金のある人でもなく、頑張る子たちがステージの周りに集まるから、当然ステージは盛り上がる。よく一般のライブでは、特等席に招待された関係者が少しも盛り上がらないばかりに、会場から浮いている光景を見かけるが、そんなことも起こらない。

このシステムは、既存のファッションショーに対するアンチテーゼの意味合いもあるのだという。通常、ファッションショーではブランド側が招待者をランク付けした上で選別する。だから一般の女の子がランウェイを特等席で見られるなんてことは、まずない。そのような垣根を取り払いたい、という思いがTGC側にはあった。

またステージの周りが盛り上がるというのは、ブランド側のプロモーションビデオ作りにも適している。熱狂する女の子たちに囲まれた、キラキラしたランウェイをモデルが歩く映像は、そのままでもプロモーションビデオとして十分に通用する作品になる。

一方で、そこまで本気にはなれない人に対する多様性もTGCは許容する。通常のライブだと開演時間中はずーっと席にいないといけないけど、TGCはショーを観るのに疲れたらいつでも会場内に設営された様々なブースに遊びに行くことができる。もちろん、携帯サイトで今モデルが着ていた服をその場で買えたり、ツイッターで感想共有もできる。つまり六時間のショーの間、会場内でも「日常」と「非日常」を行ったり来たりすることができるのだ。

また、TGCはきちんと流行の「社会的責任」も果たしている。イベント終了後は、環境ボランティア、グリーンバードと協力して、会場周辺の清掃を行う。乳ガンや子宮頸《けい》ガンの啓発のための「ガールズリボンプロジェクト」、農林水産省の「マジごはん計画」という食育事業にも関わっていた。「社会的影響力を持たせて頂いたのだから、社会的な取り組みをするのはいわば当たり前のこと」と村上は言う。

3　毎日がカーニヴァル

祝祭の設計者

祝祭の設計者たちは、祝祭に共振するとともに、祝祭を冷めた目で見つめている必要がある。「再魔術化」した祝祭を設計するために、村上たちは「脱魔術化」した目線も持っていないとならない。そうでないと、現実世界から離れたただのカルトになってしまうし、そもそも数万人規模のイベントを行うためには冷徹な「脱魔術化」した思考が必要だ。

ここでも村上は、翻訳者としての役割を発揮する。それは「脱魔術化」と「再魔術化」の翻訳でもあるし、「論理」と「感覚」の翻訳でもある。自分自身が祝祭にコミットしながら、同時に祝祭を冷めた目で見続ける。

「翻訳」というのは、客観的にみれば複数の「世界」をつなぐ作業だが、内実は複数の「世界」を同時に生きることでもある。

たとえば、村上の言動は、時にスピリチュアルで、同時に論理的だ。

彼には「自分のところで宇宙の流れを止めてはいけない」という信念がある。村上によれば、お金も水も空気も常に循環している。だからこそ、いつでも電話はつながるし、仕事の流れを自分のところで止めない。結果的に人脈は広がっていくし、村上の評価も上がる。

おそらくスピリチュアルな発想方法はビジネスと相性がいいのだろう。

現代のスピリチュアルは現世利益的だ。そこで自分の願いが成就した場合、それは「宇宙の法則」や「パワースポット」のおかげとなるが、結果が芳《かんば》しくなかった場合は自分の祈りが足りなかったといったように、自己責任に帰される。実現可能な最大限の成果を求め、成功した場合は周囲に感謝し、失敗した場合は自分で責任を取るというのは、ビジネスの世界で最も求められる人物類型の一つである。

村上はまた、「日常」と「非日常」を同時に生きる人でもある。

彼の日常は、端《はた》から見れば「毎日がお祭り」のようなものだ。三台の携帯電話を片手に、数百件のやり取りをして、膨大な数の案件をこなしていく。目がくらむような、僕だったら数時間でギブアップしそうな毎日だ。

村上は、TGCの醍醐味を「一筋縄ではいかないのがいい」と説明する。TGCはイベントベースの「実行委員会」によって組織され、多くのスタッフたちが関わる。ささいな出来事やほころびが、思わぬ大事になったりする。万が一の場合、開催中止になってしまう危険性もある。そのギリギリ感がいいのだという。

だけど「毎日がお祭り」なのだとしたら、逆に村上にとっては「お祭りこそが日常」ということになる。村上が走り続ける理由も、きっとここにある。村上には、立ち止まるというオプションがそもそもないのだ。

覚めない夢が続いている

普通、僕たちはお祭りという「ハレ」と、日常という「ケ」の世界を行き来しながら暮らしている。社会学者の鈴木謙介（一九七六年、福岡県、喋るとファンキーなのに、本はいつも難しい）は、かつてIT企業で働いていた経験を「ハイ・テンションな自己啓発」として振り返る（『カーニヴァル化する社会』講談社現代新書）。

連日のハードワークにぼーっとする頭。だけどプロジェクトを成功させた後の、高揚感だけが鈴木を駆り立てていた。それだけに、そのような「祭り」が去った後の虚無感は、どうしようもないものだった。この躁《そう》状態と鬱《うつ》状態の循環こそが、多くの現代人をありもしない「何か」に向けて走らせてしまうのではないか、というのが鈴木の見立てだ。

だけど、村上は、そのような虚無感に襲われることはないという。仕事も遊びで、遊びも仕事。「やりたいこと」と「実際にやっていること」は一致している。だから疲れない。ストレスもたまらない。過去を後悔することもない。一瞬であっても立ち止まっている時間はない。彼の中で、「ハレ」と「ケ」は渾然《こんぜん》一体になっている。

村上が走り続けるトラック。それは遠くからは、過酷なレースに見える。だけど、彼にとってはそもそも「降りる」という選択肢自体がない。躁状態を日常にしてしまったからこそ、夢から覚めて落ち込むこともない。

普通の人では落ち込んでしまうような場面でも、村上はけろっとしている。数年前、ＦＸで貯金の大半を失った時も、連絡を受けた次の瞬間には「一〇年後じゃなくて良かった」と思っていた。一〇年後は貯金の額も今の何倍にもなっているだろうからだ。どんなことが起きても、「すべての物事はただ淡々と起きているだけに見える」と言う。

村上が仲間とスキューバダイビングに行った時のことだ。村上は泳げないにもかかわらず「一メートルでも深く地球を知りたい」と思って、海に潜った。海中では溺《おぼ》れそうになり、涙目になっていたのに、陸地に戻った途端に「スキューバっていいですね」と爽やかに言い放った。

きっと彼は文字通り、一瞬、一瞬だけを生きているのだろう。

村上に「どこに向かっているのか」と聞くこと自体、愚問なのかも知れない。もちろん、具体的かつ戦略的な目標や野望はいくつもあるだろうが、それは究極的なゴールではない。彼はありもしない「何か」を目指して走るのではなくて、ここにある確かな「何か」とともに、走り続けているのだ。

だから、村上の走っているトラックがどこに向かっているのか、僕にはわからない。きっと村上自身も、言葉にはできないのかも知れない。

名古屋でのTGCからわずか二週間後に開催された東京・代々木体育館での第二回のTGC。そのアフターパーティーで、他の関係者が泣きながら挨拶をする時も、村上の表情や語調はいつもと何一つ変わらなかった。彼はもうきっと、次の予定を気にしはじめている。

第三章　俳優はなぜ映画を撮ったのか

二〇一二年九月『DON'T STOP!』という一本の映画が公開された。事故で車椅子生活を余儀なくされた男が、旅人の高橋歩《あゆむ》らとともにアメリカを横断するロードムービーだ。監督は小橋賢児《こはしけんじ》。かつて人気俳優だった彼は、一時期芸能界を離れた後に、この映画を撮った。本章の内容は、主に二〇一二年春に行ったインタビューをもとに構成されている。

〔スケッチ4〕

ケンちゃんは、一見チャラいけど（笑）……やるときは、マジでやる男だね。彼が持つ「いいモノを創ろう！」というまっすぐなパワーが、俺も胸に響いたので、一緒にやっててすごく気持ちよかったよ。（高橋歩、旅人）

〔スケッチ5〕

賢児くんは感性がいい。そしてスピード感がある。まるで子どものような、スポンジみたいな吸収力がある。その感性が広まったら幸せな人が増えると思って『DON'T STOP！』にも協力しました。

まだ立ち上げたばかりの東京ガールズコレクションの現場を裏方として手伝ってく

れたこともあります。ＶＩＰの対応をしてくれたり、とても助かった。僕とは体感重視という点が似ていて、旅行もよくします。バルセロナ、イビサ、アムステルダム……。日食のときは一緒に奄美大島にも行ったね。（村上範義、東京ガールズコレクションチーフプロデューサー）

1　旅に出た俳優

「やりたいことがわからない」

「やりたいことがわからなくなっていたんです。はじめはやりたくない仕事はやりたくないって抵抗してたけど、忙しいと抵抗するのも面倒臭くなっていく。不感症みたいになってた。このままいたらそれなりに生活も困らずやっていけるけど、もっと心からやりたいものがあるんじゃないかなって思うようになっていた」

もしもこれが、三〇歳前後のサラリーマンの言葉だったならば、多くの人はすんなり納得できるだろう。毎日の仕事はあるし、食べるのに困っているわけではない。だけど、このまま一生を終えたくはない。自分にはもっと何か他の可能性があるのではないか。そんな閉塞感は、現代に生きる多くの若者が共有しているものだからだ。だけど、これはただのサラリーマンのぼやきではない。俳優・小橋賢児（一九七九年、東京都）の言葉だ。

彼は八歳で芸能界に入り、『海猿』『ちゅらさん』『あずみ』など、数多くの映画やテレビドラマに出演していた。順調だったはずの芸能界生活。しかしある時期から、彼は自発的に日本の芸能界を離れてしまう。

数年の休業期間を経た後で、一本の長編映画を撮っていた。『DON'T STOP！』と名付けられたそのドキュメンタリー映画は、国際映画祭で部門最高賞まで受賞している。いつの間にか彼は映画監督になっていたのだ。

なぜ小橋は芸能界という誰もが憧れるきらびやかな世界に身を置きながら、まるでサラリーマンのような閉塞感や空虚感を抱くようになったのだろうか。そしてなぜ俳優である彼が映画を撮るようになったのか。

その謎を解くには二つの鍵がある。一つは現代の若者なら誰もが抱かざるを得ない閉塞感の問題。もう一つは、芸能界という仕組み自体が直面している閉塞感の問題。

この章では、一人の若者であり、俳優であり、映像製作会社を立ち上げた起業家であり、そして映画監督でもある小橋賢児の人生を追いかけながら、この社会を支配する二つの「閉塞感」のことを考えてみよう。

ストリートで過ごした青春時代

待ち合わせ場所は西麻布のカフェ。パーティーなどで何度か顔は合わせているけれど、きちんと話を聞くのは今日で二回目。だけど、彼がすごく律儀な好青年だってことはわかる。時間通りに約束の場所に現れて（むしろこっちが遅刻した）、どんな質問にも真面目に丁寧に答えてくれる。

スマートフォンで予定を確かめながら、もう一台の携帯電話で仕事のやり取りをする。すごくシャイで、大声で自分の武勇伝を語ったりもしない。

何だか、できるビジネスマンみたいだ。

少なくとも僕のような一般人が想像する「芸能人」とはだいぶ違う。一体、こんな「芸能人」はどのようにして生まれたのだろうか。

小橋賢児のキャリアは「勘違いの一枚のハガキ」から始まった。彼には「パオパオチャンネル」（テレビ朝日系）というといつも見ていた子ども向け番組があった。そこで「レギュラー募集」というテロップを偶然見かけたのだ。

当時八歳だった小橋は「レギュラー」という言葉の意味がわからずに、ただの観覧希望かと勘違いしてそれに応募してしまう。すると、あっさりオーディションに合格。さすがに合格した後は「レギュラー」の意味もわかったが、それでも「好きな番組に出られてラッキー」程度の気持ちだったという。

小さな事務所に所属して、その後も芸能活動を続けていくことにした。オーディションなどがゲーム感覚で楽しかったのだという。一二歳の時には映画『花のズッコケ児童会長』で主演を果たし、一三歳の時には大河ドラマ「信長」にも出演している。

子役としての仕事が順調に進んだ分、学校で同世代と過ごす時間は退屈だった。特に中学校からは、仕事も忙しくなり学校もサボりがちになる。大人の世界を知っている分だけ、学校に対して反抗心を募らせていったのだ。

「人を傷つけるような不良ではなかったけど、その頃は金髪とピアスで見た目はやんちゃでしたね」。教師に「髪を黒く染めないなら帰れ」と言われて「じゃあ帰ります」とそのまま帰ってしまうような毎日だった。

彼が通ったのは原宿だ。古着とスニーカーに没頭していた小橋は、その頃毎日のように原宿に通い詰めていたという。さらに原宿駅前にあったテント村にいきなり押しかけて、シルバーアクセサリーを売るバイトも始めた。

一九九〇年代前半、「渋谷」の次の街としてちょうど「裏原」がユース・カルチャーの中心地として注目を浴びていた頃だ。当時を「本当に本当に服が何よりも大好きで熱く燃えていた」と振り返る小橋は、あのNIGO®（一九七〇年、群馬県）や高橋盾《じゅん》（一九六九年、群馬県）との出会いも果たしている。

熱気の溢れる原宿のストリートで、小橋は、古着バイヤーを始めたり、ショップ店員をしてみたり、芸能活動のかたわら服とともに青春時代を過ごした。Dragon Ashの歌でいうと「悪そうな奴は大体友達」って感じだろうか。

退屈な夢の向こう側

その後も俳優活動は順調だった。

一七歳で、それまでの事務所から大手芸能プロダクションの研音に移籍。芸能活動を本格化させた。『Ｄａｙｓ』や『青の時代』のような若者向けドラマからＮＨＫの『ちゅらさん』にまで出演し、活躍の幅を広げた。同時期に五本のドラマに出ていたこともある。「小橋くん、最近調子いいねー」と周りの大人たちは彼を褒めそやした。

しかし当の小橋本人は「不感症」のようになっていた。どんなに芸能活動が好調でも、このまま芸能活動を続けていいのかと思い悩むようになっていたのだ。「もうダメだ、自分らしく生きていなくちゃ苦しい」と。

人々が憧れ、そして多くにとっては夢のままで終わる芸能界。そんなキラキラした場所で活躍していたのに、小橋は芸能界が嫌になっていたというのだ。芸能人になることを夢見てオーディションに落ち続け、アルバイトで何とか食べている劇団員が聞いたら憤死しそうな話だ。

だけど、小橋の「不感症」は深刻になる一方だった。

「毎日、仕事ばかりで感度がどんどん鈍くなっていくんです」。俳優という誰かの人生を表現するクリエイティヴな仕事をしているはずなのに、現場と家を往復するだけの毎日。キャリアを積んでいくに連れて、仕事もオーディションではなくてプロデューサーと芸能事務所の間で勝手に決まっていく。「自分がただの駒のように感じた」という。

しかも、いくつものドラマに出ているから、一つ一つの役に本気で打ち込む余裕もなくなっていく。「もし自分が誰かに演じられるとしたら、こんな奴に演じられたくないよなって思って」、小橋は「他の可能性」を探しはじめる。

芸能界以外にもネットワークを広げた。音楽家、クリエーター、旅人、会社員、昔の友だち。その頃、第二章で取り上げた村上範義にも会っている。東京ガールズコレクションを、裏方として手伝ったこともある。

だけど、そのような芸能界以外との付き合いは、芸能界を続けるためのガス抜きになるどころか、彼をより外側の世界に向かわせた。変わらない日常に閉塞感を抱き、本当の自分を探す若者の取った行動、それは「旅」だ。

そして俳優は旅に出た

二六歳の時、小橋はネパールのポカラへ一人旅に出た。ニューヨークなど先進国に行ったことはあっても、南アジアに、しかも一人で行くのはその時が初めてだった。

たまたま現地で知り合ったガイドの男性が小橋の人生を、動かした。彼もその時の小橋と同じ二六歳。自分と同じ年齢なのに、すでに彼には妻も子どももいた。子どもの学費を心配する彼に、小橋は「勝てない」と思ったという。

「夕日を撮影するのが好きだって言ったら、山の中腹までバイクで連れてってくれて。くさい話なんですけど、僕よりも体が小さいはずの彼の背中がすごい大きく感じたんです。それで結構号泣してしまって」

たった一〇日間の旅だったが、それが直接的なきっかけとなり、芸能界を徐々にフエードアウトし、海外に行く決心を固める。

二〇〇七年一一月。二八歳の彼は、単身アメリカのボストンに渡った。しかし英語はまったく話せない。ボストンでは、できるだけ日本人のいない語学学校を探し、日本との連絡を一切断ち切った。「日本のネットも見ない、本も読まない、電話ももちろんしない」。

俳優である小橋賢児を誰も知らない環境は、彼にとって「本当の自分」になれる場所だった。一九六一年の『何でも見てやろう』、一九八六年の『深夜特急』、一九九五年の『アジアン・ジャパニーズ』。「本当の自分」を探すための旅は、迷える若者たちの通過儀礼のようなものだ。

なぜ「本当の自分」を探しに若者は旅に出るのか。それは「本当の自分」が、「今、ここ」に見つかるとは思えないからだろう。

評論家の内田樹《たつる》(一九五〇年、東京都、「おばさん」みたいなおじさん)は、若者に流行する「自分探しの旅」に関して、本当に自分が何者であるかを知りたいならば、自分をよく知る両親などにロングインタビューをすればいいと述べている(『下流志向』講談社文庫)。

しかし「本当の自分」は、果たしてロングインタビューで見つかるものなのか。日常に埋没し、そこで生きる自分が「本当の自分」と思えないのだから、いくら親しい人に自分のことを聞いても、それは到底「本当の自分」とは思えないだろう。「今、ここ」にいる自分が「本当の自分」と感じられないならば、「今、ここ」以外の場所に行くしかない。それを手っ取り早く実現できるのが旅だ。

僕らが旅に出る理由

旅に出るには、それまでの日常を変えたいというリセット願望に加えて、日本ではなかなか手に入らないリアリティを求める気持ちもある。

社会学者の見田宗介《みたむねすけ》（一九三七年、東京都、熱心な信者を多く持つ）は現代を「虚構の時代」や「バーチャルな時代」と呼ぶが、その中でリアリティを求める人々の、一つの出口として「旅」に注目している（見田宗介・大澤真幸『二千年紀の社会と思想』太田出版）。

かつてピースボートに乗る若者たちを調査した時も、乗船動機を聞くと「それまでの生活を抜け出したかった」という答えがよく返ってきた。

彼らは「ピースボートに乗ったら何かが変わるかも知れない」「このままで人生が終わったらつまらない」「乗ったのは、行き詰まってたから」という風に退屈な日常からの「出口」をピースボートという旅に求めていた。

現代社会のあらゆる空間には、絶対的な正しさも、絶対的な間違いもない。なんとなく日々は進んでいく。それなりに楽しいことや、落ち込むことだってあるけれども、それは魂を根底から揺るがすような、絶対的な何かではない。

それは小橋が活躍していた芸能界も同じらしい。中小企業の事務や歯科衛生士、大学生といった「普通の人」がピースボートに乗船した動機と、芸能界にいた小橋が旅に出た理由がとてもよく似ているのは面白い。

普通の人からはひたすらにキラキラして見える「芸能界」という夢の向こう側の世界も、慣れてしまえばただの「日常」になってしまうのだ。そんな日常を繰り返すだけの毎日は、現実味を欠いたどこか退屈なものになっていく。

リアリティの欠如は、一部の若者を「ここではないどこか」という非日常に向かわせる。時には、日帰りで出かけるパワースポットやショッピングモールが閉塞感の出口になることもあるだろう。

だけど、それでも満足できない場合、若者たちはより確かなリアリティを求めて、より確かな「非日常」へと足を向ける。逆説的だが、確かなものがない時代の「リアル」は、「非日常」の中にしか見つからないのだ。

小橋は、アメリカに一年弱滞在した後、チベット、メキシコ、コロンビア、ヨーロッパと世界中を旅し続けた。

だけど、旅人もやがていつかは旅を終える。普通は、旅立つことよりも、旅の終え方のほうが難しい。日本での生活が嫌になって旅に出るところまでは勇気さえあれば誰でもできる。だけど帰国したところで、元の職場に戻るのは難しい。しかも小橋の場合は、抜け出したくて仕方のなかった芸能界。そこに、そのまま戻るという選択肢はなかった。

一人で迎えた三〇歳

小橋はどん底だった。「よくあの時死ななかったなあって思うくらいやばかった」と振り返るほど、帰国後は辛い日々が続いた。「帰国直後は『さあ、やるぞ！』って感じだったけど、一、二ヵ月で現実に戻されるんですよね。ああ、俺一体何をやればいいんだろうって」。

集団で旅をしていたピースボートの若者たちは、帰国後も「仲間」がいた。その「共同性」が、「まだ見ぬ自分」や「生きる実感」を求める自分探しの旅を終わりに導いた。だけど、日本人を避けて、基本的に一人で旅をしていた小橋は、そのような形で自分探しを終えることができなかった。

はじめはお金で繕《つくろ》えた。お金があれば、表面上は「いい感じ」の自分を演出できるからだ。しかし芸能界で貯めたお金も少しずつ減り、底をついた。当時付き合っていた女性にも、愚痴ばかりをこぼした。結局その彼女も離れて行ってしまった。

一時期は実家に引きこもる毎日だった。食事とトイレの時以外は、一日中横になっていた。誰にも会いたくはなかった。「今から振り返れば、ほぼ鬱《うつ》みたいな状態だった」という。

精神力が落ちると体力も落ちていく。ストレスも重なり肝臓まで壊してしまう。肝機能の状態を示す数値が通常の何倍にも上がり、病人のように体も思うように動かせなくなってしまった。

彼はもうすぐ三〇歳になろうとしていた。「いろんなものを失くして、それで逆に自分が感受性を取り戻せていることに気付いたんです」。このままじゃいけないと思った。本や映画など多くの作品に触れるようにした。

信頼するトレーナーに相談すると、自然の中でトレーニングをすることを薦められ、茅ヶ崎に移り住んだ。陸地ではトレイルランニング、海ではサーフィン、ジムとプールにも通った。三〇歳の誕生日までに体を治して、元気な姿を友人に見せることが目標になった。

だけど結局、誕生日を迎える瞬間は、茅ヶ崎の家に一人でいた。「本当に四畳半の小さな部屋」で、それでも不思議と「豊かさ」というものを感じたという。

「体は治ったけど、急に仕事が増えるわけでもない。自分には今、何にもない。だけどお金もモノもないけど、心が満たされることってあるんだなあって実感できた。これが生きてるってことなんだなって」

精神と体力は確かに回復していた。だからといって、仕事があるわけではない。そのまま芸能界に戻るつもりもなかった。

きっかけは、旅をしながら撮り溜めていた映像だった。はじめは映像をそのままの形で友人に配っていたがそれではつまらないと思って、音楽をつけて五分くらいの作品として編集をするようになった。

そんなことを続けているうちに友人から映像の仕事を頼まれるようになったのだ。ファッションブランドのプロモーションビデオを作って欲しい、会社紹介の映像を作って欲しい、という依頼が徐々に増えていった。映像を仕事にするつもりはまったくなかったが、気付いたら映像関係の仕事が増えていた。

脳みそがスパークして映画監督に
小橋は「その頃、はじめて社会というものに触れた」と語る。マネージャーがすべてを仕切ってくれていた芸能界時代と違って、自分で事務連絡もする。ビジネスメールでの決まり文句「お世話になっております」や「お疲れ様です」というのも、この頃覚えた。

株式会社も立ち上げた。仕事が軌道に乗ってからはじめて法人を立ち上げるというのは、松島や村上とも一緒だ。

会社といっても社員は彼一人。依頼によって組む相手を決める。自分以外の社員を雇うと、ふらっと明日から旅に出るということも難しくなる。だから、社員を増やすつもりはないのだという。

会社も軌道に乗りはじめた頃、長編映画を作ることを急に決めた。二〇一〇年の六月、小橋は友人の紹介で高橋歩（一九七二年、東京都、本の装丁がいつもおしゃれ）と出会う。高橋歩というのは、一部の若者の間で絶大な人気を誇る「旅人」だ。

破天荒な旅と、それをポジティヴ・シンキングで乗り切る姿が、キャッチーな文体で綴《つづ》られた彼の一連の著作は、自分探しが止まらない若者にとって一種のバイブルとなっている。もはや沢木耕太郎《さわきこうたろう》は古すぎるのだ。

小橋と高橋はすぐに意気投合した。そして高橋から「今度車椅子の不良オヤジとルート66行くんだよね」と聞いた時、瞬間的に「それ、映画撮らせて下さい」と申し込んでしまう。「脳みそがスパークした」のだという。

映画監督はもちろん、長編の映像作品を作るのも初めて。根拠のない自信だけで、何もかもを決めてしまった。確かにこんな社長がいる会社の社員にはなりたくない。

映画のタイトルは『DON'T STOP！』。主人公のCAPは『イージー・ライダー』に憧れ、アメリカのルート66をハーレーで疾走することを夢見ていた。しかし二六歳の時、交通事故に遭い、彼は下半身と左腕の自由とともに夢も失ってしまう。そんなCAPが高橋との出会いをきっかけに、アメリカのルート66であきらめていた夢を実現する、というのが旅の趣旨だ。

テーマの一つは「色々なことを理由にして夢をあきらめてしまうこと」。CAPの旅を追いながら、そこには昔の小橋自身の姿も重ねていた。常識を理由に、毎日の仕事を理由に、お金を理由に、芸能界を飛び出すことを躊躇《ちゅうちょ》していた時のことだ。

編集作業は難航した。途中でどうしようもなく煮詰まって、長野で寺籠もりをしたこともある。携帯電話の電源を切り、外部との接触を一切遮断して、一週間、一日一五時間座禅を組んだ。途中で三日間は断食もしたという。

当初三ヵ月で終わるはずだった編集には半年間かかった。芸能界をしばらく離れた後の、復帰第一作目だ。「もう後がない」という緊張感の中「この編集、絶対もうできない」と何度もあきらめそうになったという。

「だけど最後は、この映画を撮ろうと決めた直感を信じようと思った」

その甲斐もあって、完成した『DON'T STOP!』は好評だった。二〇一一年に開催された第八回「SKIPシティ国際Dシネマ映画祭」という国際映画祭では、国際コンペティション部門の最高賞を獲得している。

現在の小橋は映像やイベントの仕事に忙しい。最近ではキヤノンやレッドブルなど企業イベントの総合プロデュースまでしている。映画『DON'T STOP!』の公開のためには企業との折衝を繰り返した。また、江口洋介《えぐちようすけ》（一九六七年、東京都）とともにキリンラガービールのCMに出演したり、俳優としての活動も再開しはじめている。さらに巨大音楽フェスティヴァル「ULTRA JAPAN」のクリエイティヴディレクターなども務める。

気付けば、「本当の自分じゃない」という悩みも消えていた。

2　「芸能」界の隘路《あいろ》

非日常としての「芸能」

芸能の歴史は、おそらく人類史と同じくらい古い。古代から現代のような「芸能界」という仕組みがあったわけではないが、世界に非日常を垣間見せてくれる「芸能」は常に僕たちの隣にあった。

それは村落共同体には「ハレ」という非日常がセットだったように、僕たちが日常という「ケ」の世界だけで生きていくことができないからだ。実際、『日本書紀』や『風土記』『古事記』には歌舞伎や能よりもさらに古い、日本における芸能の原風景を見つけることができる。

「まれびと」という概念を使って「芸能」を理解しようとしたのが、民俗学者の折口《おりぐち》信夫《しのぶ》（一八八七年、大阪府）だ。折口によれば、「常世《とこよ》」という異界こそが世界を成立させている。その異界は「まれびと」を通じて姿を現す。「まれびと」というのは、異界からやってくる霊的な存在のことだ。芸能人のルーツと言ってもいい。中世前期まで「芸能人」と言えば、鋳物師《いものし》や猿楽《さるがく》、山伏《やまぶし》のような手工業者や宗教者までを含む言葉だった（網野善彦『無縁・公界・楽』平凡社ライブラリー）。一ヵ所に定住する「ふつうの人々」とは違う原理でこの世界を生きる「異人」である。

たとえば歌舞伎の創始者とされる出雲阿国《いずものおくに》（一五七二年？、出雲国？）は、もともとは全国を巡り歩くアルキ巫女《みこ》だったと言われている（沖浦和光『日本民衆文化の原郷』文春文庫）。アルキ（歩き）巫女という名前が表すように、江戸初期まで多くの芸能人たちは非定住民であり、「まれびと」として全国に非日常を見せて回っていた。当然、そこには呪術的、宗教的要素があっただろう。村落共同体で暮らす「ふつうの人々」にとって、文字通り異界からやってくる芸能人たちは、非日常的な存在であったはずだ。

しかし芸能は、やがて制度化され、徐々に荒々しさをなくしていく。たとえば能、狂言、人形浄瑠璃《じょうるり》、歌舞伎などは「座」という同業者集団を形成し、安定性を確保した。さらに時の権力者からも保護されることによって、新規参入の難しい既得権益団体になっていく。

ただし、芸能に対する保護というのは、差別と紙一重だった。江戸時代の劇場街は、東京の浅草、大阪の道頓堀《どうとんぼり》、千日前《せんにちまえ》、福岡の中洲《なかす》など「盛り場」に集中して配置され、遊郭や処刑場、スラムとひとまとめにされ悪所《あくしょ》と呼ばれた（朝倉喬司「そもそも芸能とはなにか」『芸能界暗黒史一九六〇－二〇一〇』ミリオン出版）。

つまり芸能は権力者による社会統合の鍵だったのだ。堂々と正面から社会に組み込むわけではないが、魅惑の「非日常」を提供するという役割は無視できないからだ。そこで芸能は社会の周縁に留め置かれ続けた。

まれびとは資本主義の駒になった

明治時代になると、芸能は政治と市場、その両方に取り込まれていく（倉田喜弘『明治大正の民衆娯楽』岩波新書）。明治政府は一八七二年に「三条の教憲」という方針を打ち出し、全国の芸能関係者を制度の中に囲い込もうとした。風紀を乱す芸能はもってのほか、「専《もっぱ》ら勧善懲悪を主とすべし」という指令を出した。明治後期までは地域によっては盆踊りまでが規制されていた。

さらに一八八六年には井上馨《かおる》（一八三六年、長州藩）や渋沢栄一《しぶさわえいいち》（一八四〇年、武蔵国）らが発起人となり演劇改良会が設立された。不平等条約の改正を図って諸外国と交渉をはじめた政府が、「外国人に見せても恥ずかしくない演劇」を作り上げようとしたのだ。

明治版クール・ジャパンである。民衆のものであった芸能を、何とか「国家」という制度の中に取り込んでいこうとしたのだ。そして日清戦争が起こると、演劇、講談、落語などあらゆる芸能が戦争連動キャンペーンをはじめる。戦争祝賀公演を各地で開き、義援金を募って、戦争を支援したのだ。

その後、日本では映画（活動写真）やレコード、ラジオといった新しいメディアが次々と普及していった。何よりも影響力を持ったのは映画だ。日活、帝国キネマ、松竹キネマなどの映画会社が次々に設立され、芸能がついに大規模産業になっていく。一九二七年の段階で日本全国の映画館はなんと一〇五〇を数える。東京だけでも二一一の映画館があり、現在の二倍以上のシアターがあったことになる。当時、新宿で映画スターのサイン会が開かれれば三万人もが集まったという。映画産業にはとにかく活気があった。

演劇や歌舞伎と違って、全国に同一のコンテンツを配信する映画というメディアは、勃興しつつある大衆消費社会とも相性が良かった。一九二〇年代にはタイアップ広告が本格化、資生堂が映画女優と専属契約を結んだり、映画スターの名前や写真入りのハンカチやバッグなどのオリジナル商品の販売もはじまっている（藤木秀朗『増殖するペルソナ』名古屋大学出版会）。

さらに『映画時代』や『週刊朝日』『主婦之友』などの雑誌を使った映画スターの

ブランディングも積極的に行われるようになった。菊池寛《きくちかん》（一八八八年、香川県）や谷崎潤一郎《たにざきじゅんいちろう》（一八八六年、東京府）など一流作家と芸能人を対談させ、芸能人の格を上げたというわけである。今では考えられないが、当時は作家の社会的地位が俳優や女優と比べて著しく高かったのだ。

そして松竹、大活、国活といった新しい映画会社はアメリカのハリウッドを参考にした映画産業を構築していく。俳優は製作会社と長期契約を結び、人気や経歴に従って序列化されるようになった。「まれびと」として非日常そのものだった芸能人は、ついに資本主義市場における駒の一つになったのである。

ラジオとテレビの時代

一九二五年には東京でラジオの仮放送がはじまる。日本初のラジオドラマは築地小劇場のメンバーによって演じられた。当時のラジオ出演者は舞台俳優ばかりだった。「東京市全市に伝えなければならない」という使命感から、思わず声を張り上げてしまったというかわいらしいエピソードも残されている（山本安英『女優という仕事』岩波新書）。

ラジオは太平洋戦争の進展とともに爆発的に普及したが、映画とは共存関係にあった。漫画『デラシネマ』に描かれているように、戦争の傷跡が残る一九五〇年代、映画というのは国民的な一大娯楽産業だった。

戦争を挟み一九五八年、日本映画の興行は頂点に達した。観客動員数が史上最高の一億二七〇〇万人を記録したのだ。だけど同じ年、結果的に日本の芸能を牛耳《ぎゅうじ》ることになる不穏な建物が完成する。テレビ塔・東京タワーだ。

一九五三年から本放送がはじまったテレビは、当初は業界人たちからバカにされていた。画面も不鮮明、録画技術も未確立で放送はぶっつけ本番。普及台数が少なく、満足にスポンサーもつかないから予算も少ない。

「ラジオになら出るけれど、テレビには出ない」という芸能人も多くいた。だからこそ、テレビは若い才能が自由に実験を行える場だった。その意味で、今のUSTREAMやニコ生といったインターネットの世界に似ている。たとえばまだ早稲田大学の学生だった永六輔《えいろくすけ》（一九三三年、東京都）に放送作家を任せてみたりと、当時のテレビがかなり自由なメディアだったことがわかる。

一九五九年の皇太子ご成婚パレード、一九六四年の東京オリンピックなどいくつかの国民的イベントを挟みながら、テレビは爆発的に普及していく。もはや誰もテレビの圧倒的な力を無視できなくなっていった。

そんな中で芸能界にも異変が起こりつつあった。映画界の凋落《ちょうらく》である。かつては「五社協定」というものがあって、映画スターがテレビ出演をすることはあり得なかった。しかし「五社協定」といいながら、多くの場合、映画会社と映画スターは法的な契約を結んでいるわけではなかった。

一九六三年からはじまったＮＨＫ大河ドラマに松竹の佐田啓二《さだけいじ》（一九二六年、京都府）が出演、そのタブーが破られてしまった。さらに『羅生門』を製作した大映など映画会社の経営破綻も相次ぐ。

テレビは、映画だけではなく明治以降も残っていたあらゆる芸能メディアを駆逐《くちく》していった。たとえば一九五〇年代には三〇以上あったサーカスは、現在は数団体を残すのみになっている。演劇、コンサート、歌舞伎など、並列して存在していた多くの「芸能」は、テレビの下部に位置づけられるものになってしまった。

より正確にいえば、テレビというメディアが他の芸能を駆逐したというよりも、戦後に本格的に進行した消費社会化や情報社会化と、テレビというメディアの相性が良かったのだろう。

テレビはすっかりメディアの王様になっていた。時代は「一億総中流」。一九七五年には広告費がついに新聞を抜き、名実ともにテレビは「国民的なメディア」になった。テレビと芸能が手を結んだ戦後という時代は、日本芸能史のクライマックスと言っていい。

「芸能」界の終わり、あるいは始まり

現代の芸能界を語る上で欠かせないのが芸能プロダクションという存在だ。なぜ、ただの付き人集団であるはずの芸能プロダクションが、ここまでパワーを持つようになったのだろうか。それは当初、映画業界より格下に見られていたテレビ業界が、芸能プロダクションと組んだ独自のスター育成制度を発達させてきたからである（田原総一朗『メディア・ウォーズ』講談社文庫）。

予算も少なかったテレビ業界にとって、タレント管理、新人の売り込み、それに関わる雑用を自分たちだけで行うことはできなかった。それらを一気に引き受けてくれるのが芸能事務所だったのだ。さらに、格安のギャラで、時には制作費を負担してまでテレビ局に協力するプロダクションまであった。

なぜ芸能プロダクションは赤字覚悟でテレビ局に協力したのか。それは、テレビがギャラで稼ぐものではなく、むしろ宣伝媒体としてこそ効果的であることを彼らが見抜いていたからだ。テレビにタレントを多く出演させ、圧倒的な知名度を得る。そし

てレコードやコンサート、ホテルやクラブの営業でごっそり稼ぐという手法だ。当然、芸能人は芸能プロダクションに「管理」される存在になる。新人タレントを自宅内に住まわせ、言葉遣いから礼儀までを徹底的に教育する全人格的な洗脳を、様々なプロダクションがこぞって始めた。すごい時代だ。

番組プロデューサーの仕事は人気タレントを押さえることになり、芸能プロダクションの仕事は一人でも多くのタレントを番組に押し込むことになった。キャスティング至上主義時代の到来である。

さらに、バブル崩壊以降はコスト削減のため一社提供番組がどんどん減っていった。一社提供番組ならば、たとえ視聴率が悪くてもスポンサーが納得する内容のコンテンツを作れば良かった。しかし複数スポンサーの前では、視聴率だけが番組の成功か失敗かを測る唯一共通の指標になってしまう。キャスティング至上主義に加えて、視聴率至上主義が徹底されたのだ（金田信一郎『テレビはなぜ、つまらなくなったのか』日経BP社）。

もはや大学生に放送作家を任せるような気風はテレビ業界には残っていない。開設から年月を経るにつれて、テレビは立派なオールド・メディアになっていった。その傾向はさらに強まり、一九九〇年代初頭に放送されていた『EXテレビ』（日本テレビ系）の「低俗の限界」などの企画は現代では考えられない。

さらにテレビ局は一大コングロマリットに成長した。一九九〇年代以降、テレビ局はただの放送免許事業者という枠を超えて、自社ビルによる不動産業、局自体のショッピングモール化、映画産業への積極的な参加、ＤＶＤ販売などのコンテンツビジネスに積極的に参加してきた。

「芸能」界という名前こそは残っているが、そこには「まれびと」が担っていたような、もしくは江戸時代の悪所が担っていたような、非日常の源泉たる輝きはほとんどない。もちろんだからこそ、テレビは次々に新しいスターを定期的に輩出し続けるのだが、それもついに限界に近づきつつあるのかも知れない。

３　二つの「閉塞感」の、その先へ

「芸能」界の先に行くために

このように、「芸能」の歴史を振り返ってみると、小橋賢児が芸能界に感じていた閉塞感が、すごく正当なものであることがわかる。

もともと「まれびと」や「異人」として、定住せずに全国を漂流するものだった芸能者たちは近世以降、様々な制度の中に取り込まれていった。特に明治時代以降は、映画やラジオなど資本主義経済、大衆消費社会の一アクターとして「芸能」は再編成されていく。

しかし、歌舞伎、演劇、映画、テレビなど媒体を変えながらも、「芸能」がそもそも持っていたとされる非日常性は、何とかして受け継がれてきたように思う。それは古いメディアが新しいメディアによって取って代わられ、新しいメディアが常に「新しい」というリアリティとともに迎えられてきたからだろう。

だけど、テレビと手を組んだ「芸能」の世界は、今や岐路に立たされている。社会のど真ん中に鎮座してしまったテレビの世界には、かつて「芸能」の魅力であったはずの呪術的で、周縁的な要素はほとんどなくなってしまったからだ。

しかも現在の「芸能界」と言えば、主にテレビ業界と映画業界、音楽業界にまたがる形で存在する巨大産業グループだ。そんな中、芸能プロダクションの「ふつうの会社」化が進んだ。視聴率や会社全体の売り上げで業績が判断される以上、マネージャーも数字を追わざるを得なくなるからだ。

長期的な経営判断のもと、きちんとタレントを育成しようとする芸能プロダクションも多くあるが、「本当の自分」を探して、「芸能界」を飛び出した小橋の選択はすごく真っ当なものだったと思う。もはや「芸能界」に「芸能」はないからだ。

実際、小栗旬《おぐりしゅん》（一九八二年、東京都、身長一八四センチ）などの有名俳優たちは映画監督を務めてみたり、あえて不思議な映画の脇役として出演してみたり、芸能界の周縁を模索しているように見える。また、正統派B級アイドルの嵐こそが人気という事実が、現在のエンターテインメント業界を象徴的に表していると思う。

二つの「閉塞感」の出口

時々、芸能界での派手な交友関係が報じられる小橋だが、本人はあまり気にはしていないようだ。時には芸能界のフィクサーだなんて報道されたりもする。「実際は芸能界の人だけじゃなくて、いろんなジャンルの人とつるんでいるだけなんです。でもそこにたまたま芸能人が一人、二人いると、その名前だけが大きく報道されてしまう」ということらしい。

小橋自身も一時期はサングラスをして、帽子を深く被《かぶ》って、現場と自宅を往復するような日々を送っていた。遊びに行くとしても、芸能事務所お墨付きの個室カラオケや個室和食屋ばかり。「そんなルーチンで暮らしていると、どんどん不健康になっていく」。確かにあんまり楽しそうじゃない。

小橋だけではない。キラキラして見える芸能界やエンターテインメント業界の内実は、実際そんなに派手な世界でもない。

友人同士で東京近郊にバーベキューに行ったり、ａｐ　ｂａｎｋで盛り上がったり、水平思考推理ゲームにはまったり、芸能人たちの生活は確かに「リア充」かも知れないが、そこまで浮世離れしているわけではない。仕事を聞かれて「会社からお給料をもらっているわけだから」と「会社員」と答える俳優もいる。

現代社会において「芸能」をしようと思ったら、複数の領域を越境することによって、それは辛うじて可能になるのだろう。一ヵ所に定住せずに、複数のコミュニティと関わり、それぞれの場所でコンテンツを提供する。それは、「芸能」の原点だ。

その意味で、小橋賢児は連日のようにテレビドラマに出ていた当時よりも、現在のほうが、より「芸能人」であるとさえ言える。時には映画監督をして、時には堅い企業のイベント・プロデュースや映像制作を会社として請け負い、そして時には俳優業をすることもある。現代版「まれびと」だ。

そんな小橋の生き方は、この社会を支配する二つの「閉塞感」の出口を示しているように思う。

一つは「本当の自分」がどこかにあるはずだと考え、現在の生活にリアリティを感じられないという問題。その閉塞感を克服しようと思ったら、いくつかのコミュニティを越境してみるのがいい。

その過程で時に既存の社会とぶつかりながら立ち現れるのが、社会的に意味を持つ「本当の自分」だからだ。「本当の自分」は、ネパールの奥地やアメリカ西海岸には落ちていない。「自分」というのは、他者との関わり合いの中で、その都度《つど》生まれるものなのだ。

そして、芸能界が抱えている「閉塞感」もつまるところ、同じ問題にたどり着く。非日常性こそが本来的な意味だった芸能という世界は制度化され、「中の人」でいる限りそんなに面白いこともできない。制度化された「芸能界」に閉じこもっている限り、「芸能」にはたどり着けない。「芸能界」の外側に出たほうができる「芸能」も多い。その意味で小橋賢児という生き方は、最先端でありながら最後尾の芸能スタイルなのかも知れない。

第四章　つながる起業家たち

三人の起業家たちにスポットライトを当てて、若年起業家たちの集団を描いてきた。この章では、視点をもう少し広げて彼らの生態系を描いていこう。彼らはどのようにつながっているのか。そして、なぜ彼らは大企業を目指さないのか。

〔スケッチ6〕

『俺が』なんだよ。『俺が』チームを勝たせるんだよ。他人なんかアテにしちゃダメなのさ。自分しかいねーんだよ。チームを勝たせられるのは。他人が失敗したってカンケーねーよ。自分のパワーひとつでチームは勝利するんだから。『俺がやる』……って、もしメンバー全員がそう思ったら、もの凄いパワーになると思わねーか。それが真のチームワークじゃねーのかな。(菅平源三、プロ野球選手)

1　つながりの力

人脈は非課税だ

大企業に所属しないで働く人にとって決定的に大切なのは、「つながり」の力だ。

「つながり」というのは、税金のかからない資産の一つだ。会社が利益を上げれば当然、課税対象になるが、人と人の「つながり」をいくら増やしても、それに課税されることはない。

しかし、人と人の「つながり」をビジネスにすることはできる。つまり人脈というのは非課税でありながら、とても強力な資産なのである。もちろん税金を払わないほうがいいと言っているわけではない。非課税だからこそ、それを有効に活用したほうがいいという話だ。

組織に所属せずに自由に働いている人たちは、何らかの徒党《クリーク》を組んでいることが多い。社会学にハワード・S・ベッカー（一九二八年、シカゴ）による『アウトサイダーズ』（新泉社）という古典がある。ダンスミュージシャンが本業で、社会学は趣味だと思っていたベッカーが、多くのマリファナ常用者やミュージシャンに果敢にインタビューしていく作品だ。

ここでも、職業的な成功における人間関係の重要性が強調されている。インタビューに答えたあるアメリカのミュージシャンは、「成功」のためには「大勢の友人をもつこと」が大切だと答える。「いい演奏をやらなくちゃいけないが、いろんなバンドに友だちをつくっておかなければいけない」というのだ。

「友だち」というのはただ相談に乗ってくれるような存在ではない。ある時は新しい仕事を紹介してくれ、ある時は「彼の演奏は確かだよ」と保証人になってくれる。組織に属することのないフリーミュージシャンたちは、人間関係の数と質によって職業を安定させているのだ。

ここでいう「友だち」というのは、何も本当に親しい友人である必要はない。むしろ、仕事を得るためには「弱いつながり」こそが大切だという研究もある。

社会学者のマーク・グラノヴェター（一九四三年、ニュージャージー州）は、ボストンのホワイトカラーの転職活動を調べる中で、親しい友人や親族よりも、疎遠な人との「弱いつながり」のほうが、転職にとって有利な資源になることを発見した（野沢慎司編・監訳『リーディングス　ネットワーク論』勁草書房）。

グラノヴェターの研究はサンプル数五四という仮説的な研究だったが、彼に触発されたその後のキャリア研究でも、転職だけではなくて、昇進やスキルアップなど、「働くこと」には、人との「弱いつながり」を持つことが大切だということが確認されている（若林直樹『ネットワーク組織』有斐閣）。

なぜ「弱いつながり」が大切なのか。強い絆《きずな》で結ばれた親しい友人同士は同じような業界で、似たような仕事をしていることが多い。一方で、「弱いつながり」の相手は自分とは異なる世界で暮らしている可能性が高い。

だからこそ、「強い絆」の世界では決して見つからないような、新しいチャンスを提示してくれるのだ。第三章で取り上げた小橋賢児の人生は、まさにそれを体現していると言えるだろう。芸能界の内部で形成された「強い絆」の中で生きるのではなくて、その外側にいる人たちとの「弱いつながり」を結ぶことで、彼は徐々に活躍の世界を広げていった。

「つながり」のことを社会学では「社会関係資本」と呼ぶ。この社会関係資本は「ブリッジ型」と「ボンド型」の二種類に分けることができる。ブリッジ型というのは、架け橋のように異質な者同士の関係を指す。一方で、ボンド型というのは同質的で親しい者同士のつながりのことだ。

大人たちと手を組んでみる

起業家にとって、ブリッジとボンドという、二つの「つながり」を持つことはとても大切だ。

変わらないメンバーで毎日、同じような話をしていても、仕事は生まれない。

大切なのは、どのように外の世界とつながりを持つかということだ。若手起業家たちは、何も若者だけで固まっているわけではない。むしろ、積極的に大人たちの世界とつながろうとしている。

たとえば松島にとって、高校時代に大企業の部長に会えたこと、起業家サークルに入って様々な企業人に会えたことは、後にキャリアに大きな影響を与えた。

また松島がゼントを始めたばかりの頃は、青木健一の役割が大きかった。青木のスキルや人脈はもちろん、一世代上の「大人」が関わっているということはゼントという会社の信頼感を高めるのに一役買った。

しかも青木は一方的に「大人の論理」を押しつけなかった。「大人の論理」とはかけ離れて仕事をしていた松島に対して、一般的なビジネススタイルを強制するのではなくて、優れているところだけをエッセンスとして取り入れるようにアドバイスしてきた。駆け出しのベンチャーから上場企業まで、様々な新規事業立ち上げに関わってきた青木だから、そのような柔軟性を持てたのだろう。

エンジェル投資家・瀧本哲史《てつふみ》（年齢非公表、出身地非公表、身元を隠すためにテレビ局などからもタクシーを乗り継いで家に帰る）によれば、若い起業家の成功の裏側には中高年のバックアップがあることが多いという（『武器としての交渉思考』星海社新書）。

特にシリコンバレーにおいては、若きリーダーをシニアであるベテランがサポートする仕組みが整っている。

たとえばアップルといえば創業者のスティーブ・ジョブズ（一九五五年、カリフォルニア州、似顔絵が描きやすい）ばかりが有名だが、実際にアップルを大企業にしたのはジョブズより一三歳年上のマイク・マークラ（一九四二年、カリフォルニア州、アップル二代目ＣＥＯ）の手腕が大きかったと言われている。すでにインテルの株式上場によって一財産を築いていた彼は、アップルという新興企業に資本を投入すると同時に、彼らが信用を得られるように尽力した。

グーグルや、フェイスブックなど「若者たちの起業」として取り上げられる会社にしても、その裏側ではエリック・シュミット（一九五五年、ワシントンＤＣ）やピーター・シール（一九六七年、フランクフルト）といった「大人」の投資家の果たした役割が大きい。

日本の会社でも同じことが言える。田中良和（一九七七年、東京都、あだ名は「よっしー」）が二七歳の時に起業したグリーが急成長したきっかけはＫＤＤＩとの提携だったし、ＤｅＮＡもリクルートやソネットといった大企業の出資によって事業の基盤を作ってきた。若者たちの成功の裏側には「大人」たちの存在があったのだ。

居心地のいい世界

異なる世界との「ブリッジ型」のつながりと同じくらい、大企業に所属していない起業家たちには、ホームベースとなるような場所が必要だ。気心の通じた仲間たちと過ごす空間は居心地がいい。

二〇一二年四月二〇日、夜。青山のレストランには村上範義の誕生日を祝う人たちが集まっていた。一目でモデルとわかる人から、僕でも知っている芸能人、さらには起業家や財界人まで、文字通りそこには老若男女がいた。

昨日までアジアを旅してきたという小橋賢児が、撮ってきた映像をさっそく仲間たちに見せたり、楽しげなパーティーは続く。

この本で取り上げてきた若手起業家たちは、みんな仲がいい。もちろん、それぞれが自分の会社や仕事を持っているから、四六時中一緒にいるわけではない。だけど、「忙しいのによくそんなに頻繁に会うなあ」ってくらい彼らは密なコミュニケーションを取りあっている。もっとも、会うといってもビジネスミーティングではなくて一緒にご飯を食べたり、パーティーをしたり、沖縄に行ったり、伊勢神宮にお参りに行ったり、仕事なんだか遊びなんだかわからない集まりが多い。

緩やかな外延はあって、きちんと人のセレクションはされているが、メンバーは固定されてはいない。その場に集った人々を観察していると、互いの人生観や仕事観などといった話題が多く、ビジネスに直結した話ばかりをしているわけではない。

経営学者の金井壽宏《としひろ》（一九五四年、兵庫県）の用語を使えば「ダイアローグ型」の集まりということになるだろう（『企業者ネットワーキングの世界』白桃書房）。ただの仲良しクラブでもなく、人脈を広げるフォーラムでもない。そこに集う人々は、集まりそのものに価値を感じており、互いの「今、ここ」を掘り下げていく。コンサマトリーな居場所だ。

この「ダイアローグ型」の集まりでは、偶発的に仕事が生まれる。価値観やテンションがダイアローグによってあらかじめ共有されているから、仕事もしやすいのだ。

小橋自身も「テレビの世界にいた頃は、全然仲間と仕事している気がしなかった。監督さんともすごい遠い感じで。逆に今は、本当に仲間と仕事してるって感じですね」と述べている。

文化を共有する

居心地のいい仲間同士で集まっていても、仕事は生まれるものなのだろうか。重要なのは、松島や村上たちが業種や専門分野ではなくて「文化」を共有しているという点だ。

彼らのネットワークには、様々な業界で働く、様々な分野の専門家たちがいる。IT業界、エンターテインメント業界、芸能界はもちろん、航空業界、通信業界、出版業界など、そのジャンルは幅広い。

仕事内容がまるで違うのに、なぜ彼らが仲良くなれるかと言えば、同じような文化や価値観を共有することができているからだ。

つまり、彼らは価値観の上では同質性が高い集団でありながら、それぞれのバックグラウンドがまるで違うため、仲良くなることもできるし、互いの強みを活かして仕事でコラボレーションすることもできるのだ。だからこそ、仕事が生まれる機会は無数にある。

人が持つ価値観というのは、育ってきた環境に大きく影響される。社会学では、育ってきた環境によって培《つちか》われたものを「文化資本」と呼ぶ。それには言葉遣い、趣味、立ち振る舞い、感性なども含まれる。

様々な研究では、どのような文化を消費するかには階層差があること、家庭の文化階層が高い人のほうが教育達成や地位達成に有利なことが明らかになっている。

たとえば、親の学歴が高い人ほど、子どもの頃に家族が本を読んでくれた経験が多く、美術館や博物館に行ったことがある。そうすると子どもの頃から本を読む習慣がつき、文化に慣れ親しむようになるから、受験勉強にも有利になる（宇沢弘文他編『格差社会を越えて』東京大学出版会）。

このような「文化資本」は大人になってからも大切だ。

何もクラシックに親しみ、古今東西の文化に精通している必要はない。だけど、挨拶ができる、相手に感謝の気持ちを伝えられる、文章を読んだり書いたりすることが苦痛ではない、論理的に自分の意見を主張できる、そういった広い意味での「育ちのよさ」が評価される機会は多い。

出社時間と出社日が決まっている企業では、何の約束をしなくても職場の同僚とまた明日会うことができる。だけど、この本で紹介した多くの人たちは、そんな働き方をしていない。だからこそ、余計に「文化」の共有が大切になってくるのだ。

この社会を支配する三つの資本

フランスの社会学者ピエール・ブルデュー（一九三〇年、ドンガン）によれば、人間の財産には大きく分けて三つの種類があるという（ただし現在の社会学で、「文化資本」といった用語はブルデュー自身の定義とはややずれて使われることが多い)。一つは、お金(「経済資本」)。もう一つは信頼や人脈(「社会関係資本」)。そして、教養や洗練された習慣(「文化資本」)だ。

このようないくつもの「資本」は、起業家の成功を考える上でも非常に大切である。よく起業家を語る時に、「学歴も名声も必要ない、必要なのはチャレンジ精神だ」といった物言いがされることがある。だがこの本で描いてきた若者たちは松島をはじめ、チャレンジ精神だけでその地位を築いてきたわけではない。

本書の登場人物たちを支えているのはいくつもの「資本」だ。それは、トランポリンのように、彼らの成功を下支えしている。

松島たちにはもちろん社会的に評価される「能力」や「専門性」がある。ビジネスモデルまでを考えたシステムの構築、ただのコンピューターオタクには思いつかないアイディアなど、彼らの成功要因を彼ら自身の「能力」や「才能」に求めることもできるだろう。

だけど同時に、彼らの成功は、いくつもの偶然が重なった上に成立している。そしてその偶然の多くは人為的なものである。

たとえば松島の親が教育熱心であり、彼が開成学園に行くことができたということは、彼の人生に決定的な影響を与えた。小学校から中学受験に向けた塾に通わせ、中学校から都心の私立学校に通わせるには、一定水準以上の経済資本を必要とする。日本は教育に対する公的支出がOECD平均を大きく下回り、大学の授業料も高い国だ。つまり、家庭の経済状況によってどのような教育を受けられるかが左右される可能性が高い。

開成学園のような名門中高一貫校に入ると、そこでは新たに社会関係資本と文化資本が作られる。開成出身者は名門大学や名門企業に就職していくことが多いから、同窓生とのつながりはそのまま強力な資本になるのだ。

開成OBでかつ企業の取締役以上でないと参加できない起業家グループもある。ライフネット生命の社長・岩瀬大輔（一九七六年、埼玉県、ちょっとやんちゃな学級委員長タイプ）はじめ様々なエグゼクティヴに「同窓生」としてコンタクトを取ることができる。

その「つながり」を支えるのは、開成学園出身者特有の愛校心だ。たとえば開成出身の人が集まるとよく運動会の話をはじめる。開成の「文化」を共有していない僕のような人間から見れば理解不能なほど、彼らは生徒主体で行う運動会に異常な思い入れがある。だから、たとえ同時期に在学していなくても運動会をネタに盛り上がることができる。

開成に限らず、名門中高一貫校の卒業生たちは、大なり小なり愛校心を持ち、その学校特有の「文化」を保有している。名古屋の東海学園出身の村上も「大学に入ってからは表面上は何百人も友だちができた。だけど、男子校で、みんなの結束が固かった東海時代のほうがはるかに人間関係が濃密だった」と振り返る。

互いに東海出身ということがわかれば、在学中に面識がなかった先輩、後輩であっても、距離感が一気になくなるという。年に一度開かれる同窓会には六〇代、七〇代の人まで参加するといい、そこには大企業のトップ、政治家、医者など社会のオーソリティたちが集まる。

このような、名門中高一貫校のネットワークの絆は、慶應義塾や早稲田といった大学ネットワークよりもはるかに強い。

学部が多く、累計卒業者数が数十万人を超える巨大大学の卒業生たちは、世間で言われるほど強い愛校心を持っているわけではない。同じ大学出身ということがわかっても、それで話が盛り上がるということは、ほぼない。

物理的な均質性も「文化」の共有を助けている。この本の登場人物の多くは東京都港区周辺に住んでいる。お互いが数十分で会いに行ける距離に住んでいれば、気軽に連絡も取りやすい。街角で偶然出会うこともある。

こんな風に、いくつもの「資本」がまるでトランポリンのように、若手起業家たちを支えているのだ。

一緒に旅に行ける仲間がいること

仲間という、対等な関係性を築くためには、お互いに差し出せるものが必要だ。

RPGにおけるパーティー（グループ）というのは、現実世界のよくできたカリチュアになっていると思う。もし手っ取り早く経験値を稼ぎたいなら、レベルの高いパーティーに入れてもらうのがいい。だけど、レベルの低い人間はなかなかそんなグループには入れてもらえない。レベルの高い人は、すでにレベルの高い人同士でパーティーを組んでしまっているからだ。

普通は自分とレベルの近い人が一番仲間になりやすい。しかしレベルの低い者同士のグループでは、戦闘に勝利して得られる経験値はたかが知れている。そこで地道にレベルを上げていくのもいいが、もしも一気にレベルを上げたいなら、何とかレベルの高い人々に自分の価値を認めてもらう必要がある。

そこで役に立つのが特殊技能や専門性だ。外国語を話せることでもいいし、場を盛り上げる力でもいい。レベルの高い人から見て、「こいつと一緒に組みたい」「彼と一緒に動いてみたい」と思わせることができれば、彼らの仲間に入れてもらうことができる。

こう考えてみると、一緒に旅に行ける仲間がいる人は幸せだ。一言に「仲間と旅をする」といっても、レベルが低い仲間同士で固まっているのと、レベルが高い仲間と行動できるのとでは、見えてくる景色も、経験できる出来事も、行動できる範囲もまるで変わってくる。「つながり」には、レベルが高い「つながり」と、レベルの低い「つながり」があるのだ。

2　いつの間にか仲間は増えている

仲間とならどんな夢も叶《かな》えられる?

『ONE　PIECE』評論家で社会学者の安田雪《ゆき》(一九六三年、東京都)によれば、仲間とは、「一人では到底叶えられないような夢を共有する人たち」のことだという(『ルフィの仲間力』アスコム)。

『ONE　PIECE』は、『ドラゴンボール』と違って、主人公が強くなるのではなく、仲間を増やすことによって冒険を続けていくマンガだ。

麦わらの一味に加入したゾロやナミは、ルフィの夢に共感して、彼とともに旅をすることを決意する。彼らには「世界一の剣豪になる」「世界中の海図を描く」といったそれぞれの夢があるが、それはルフィの「世界一の海賊王になる」という夢とも重なる。

彼らは自己利益の追求よりも、仲間たちへの献身を何よりも優先する。真に倒すべき敵のいない世界で、彼らは固有名を持った一人一人の「仲間」とともに、終わりのない仲間探しの旅を続けている（内田樹「街場のONE PIECE論」『ONE PIECE STRONG WORDS』集英社新書）。

それは主人公がひたすら修行を繰り返して強くなる『ドラゴンボール』とは対照的な世界だ。数値化された「戦闘力」がすべてを決するのではなく、『ONE PIECE』では仲間を増やすことによって、彼らの影響力が大きくなっていく。

そしてルフィたちは、「自分の使い方」を学ぶことで、戦い方を増やしていく。ゴム人間であるという特性は変わらないが、どうやって身体をコントロールするかで「技」の種類は増えていく。

『ONE PIECE』が多くの人に好意的に読まれるのはよくわかる。

ルフィたちの共同体は、こんな時代にはとても理想的なものに見える。「地域」や「家族」、「会社」といった、かつて日本人が所属していた組織が次々と崩壊していくように見える現代社会で、信頼し合える「仲間」というのは、何よりも憧れの対象に見えるからだ。

かつて上野千鶴子（一九四八年、富山県、定期的に炎上する）も会員だった京大短歌会で歌を詠《よ》んでいた社会学者の柴田悠《はるか》（一九七八年、東京都、超いいひと）による二二ヵ国の国際社会調査データの分析によれば、経済発展が進んだ国では「近所に友人がいる人」や「親友に頻繁に会う人」の幸福度が高いことが明らかになっている（「近代化と友人関係　国際社会調査データを用いた親密性のマルチレベル分析」『社会学評論』61－2、二〇一〇年）。

特に若者たちの間で「仲間」に対する価値は高まっている。たとえば内閣府が行った『国民生活選好度調査』では「幸福度を判断する際、重視する項目」を聞いた時に、「友人関係」と答える若年層の割合が、他の世代と比べて突出して高かった。また『世界青年意識調査』を見ても、充実感や生きがいを感じる時に「友人や仲間といるとき」と答える若者が増加し続けている。一九七〇年に「友人や仲間といるとき」に充実感を抱く人は三八・八％だったが、一九九八年以降は約七四％前後で安定している。

だが同時に「悩みや心配ごと」に「友人や仲間のこと」を挙げる若者も一九九八年以降上昇している。「仲間」が「生きがい」であり、同時に「悩み」の対象にもなっていることがわかる。良くも悪くも「仲間」の重要度が上がっているのだ。

安田はこうも言う。「仲間と一緒なら、どんなに大きな夢もかなえられる」。「本当の仲間」を見つけることができたならば、想像もできなかったような大きな夢を叶えることができるというのだ。

確かに二〇一二年のロンドンオリンピックでは、日本人選手たちの団体戦での成果が目立った。個人では成績がふるわなかった選手も、団体であれば力を発揮する。そして彼らは「仲間がいるから強くなれた」「自分のためだけではなく、仲間のために頑張らなくちゃいけないと思った」と口にする。

僕がＮＨＫの「ＮＥＷＳ　ＷＥＢ」という番組で、ロンドンオリンピック後にフェンシングの選手たちにインタビューした時も、彼らは夜中まで選手村でトランプに興じていたと言っていた。オリンピックまでもが『ＯＮＥ　ＰＩＥＣＥ』化しはじめているようだ。

僕たちの世界に、冒険なんてそんなにない

確かに『ONE PIECE』のように、仲間とともに大きな夢を追えたら楽しい気がする。だけど、誰もがルフィのようなゴム人間になれるわけでも、誰もがナミのような仲間を手にできるわけでもない。ソマリア沖などで海賊王を目指すことはできるだろうが、国際的に海賊に対する圧力は厳しくなっている。

多くの人たちの目の前に広がっているのは、冒険とは無縁の何てことのない日常だ。敵はせいぜい嫌味を言う上司か、ツイッター上でからんでくる人くらい。楽しみは毎週見ているドラマか週末に行くアウトレット。現実は、『ONE PIECE』の世界とはほど遠い。

しかも「仲間」の存在というのは、時に僕たちの未来への希望をあきらめさせる役割を果たす。人類学者のオスカー・ルイス（一九一四年、ニューヨーク）はかつてスラム街を調査する中で、「貧困の文化」という概念を提示したことがある（『ラ・ビータ3』みすず書房）。

彼によれば「貧困の文化」というのは、「貧しい人」が生きていくための防衛機構のようなものだという。ここでいう「貧困」というのは、必ずしも経済的な貧しさのことではない。最近の日本語に翻訳すれば「まったりカルチャー」「下流文化」って感じの、現状に対するあきらめや適応のことだ。

「貧困の文化」を持つ人たちは、希望を持たず、未来のためではなく現在のために生きる。彼らは国際的な視野を持たず、宿命論を受け入れている。未来をあきらめてしまっているのだ。

しかし、この「まったりカルチャー」を成立させるにも「仲間」の存在が必要らしい。社会学者の益田仁《じん》（一九八二年、熊本県、九州からあまり出たがらない）は、フリーターに対するインタビュー調査の中で、彼らが困難な状況に置かれながらも、それでも何かに「希望」を見いだしてしまう様子を描いている（「若年非正規雇用労働者と希望」『社会学評論』63－1）。

彼らの周囲では「きちんとした職業に就いて一人前」という「文化」が支配的であり、「貧困の文化」は醸成されていない。そのため不安に突き動かされるように「何か」を求め、たとえ「希望」が潰《つい》えたとしても、希望と現実の間を彷徨《さまよ》うしかないというのだ。

その様子は、僕が「希望難民」と呼んだ人々と似ている。彼らは希望を持ちながら、それが容易《たやす》くは叶わない現実の中で、終わりなき自分探しを続けてしまう。そんな「希望難民」にとって、希望の冷却回路の確保が必要だと皮肉混じりに考えたことがある。

ピースボート乗船者に対する調査を通して見えてきたのは、「共同性」によって「目的性」が冷却されてしまう過程だ。夢や希望を持って船に乗り込んだはずの若者たちも、ピースボートというコミュニティが居場所化していく中で、次第に当初の熱気を忘れていく。そして結果的に、彼らには仲間という「共同性」だけが残された。

つまりある種の「共同性」は「目的性」を冷却させてしまうのである。若者たちの生活満足度の高さが一部で話題になっているが、それは日本版「貧困の文化」という「共同性」の広がりが一つの理由なのかも知れない。

あきらめない集団の秘密

なぜピースボート乗船者にとって「共同性」はあきらめの役割を果したのに、起業家集団や『ONE PIECE』の麦わらの一味、オリンピック選手たちの間では、そうならなかったのだろうか。彼らにとって「仲間」の存在は、むしろ自分たちを互いにエンパワーメントするものでさえある。

一つはまず、集団の規模に秘密がある。すごく単純な話だけど、集団の人数が増えると、一部の「代表者」や「指導者」が必要になってくる。

さらに、集団に所属する人を支配するためのルールが作られるようになる。すると、集団内にはただ命令に従うだけのフォロワーが誕生してしまう。一方で、少人数の組織だと絶対的な指導者もルールも必要がないから、ただそれに従属する人が生まれようがない。組織論では似たようなことが「寡頭制《かとうせい》の鉄則」として知られている。

二つ目は、集団の規模とも関連しているけれど、一人一人が独立して行動できる個人かどうかも大切だ。

この本で取り上げてきた松島や村上といった若手起業家たちは、「仲間」とのつながりを、ただの居場所とは考えない。もともとソロ・プレーヤーとしても活動できる彼らは、居場所でさえも仕事の場所にしてしまう。

というか、それは自然と仕事の場所になってしまう。普段の活動を報告し合うだけでも、そこにいくつものビジネスチャンスが生まれるからだ。

野球漫画に見せかけた自己啓発書『ONE OUTS』では、「チームワーク」が通常とは違った形で定義されている。本章の冒頭で引用したように、『ONE OUTS』流にいえば、「メンバー一人一人の力をあわせて、より強い力を出す」というのは「真のチームワーク」ではない。他人をアテにするのではなくて、自分がチームを勝たせてやるというくらいの気概を一人一人持つことが必要だというのだ(甲斐谷忍『ONE OUTS』一五巻、集英社)。

『ONE PIECE』やオリンピックで、「仲間」の存在がお互いを高め合えるのも、もともと彼らのポテンシャルが非常に高いからだろう。成績を残せない選手たちが集まったところで、「仲間」の価値なんてたかが知れている。冷徹なようだが、力のない人をいくら集めてみても、「大きな夢」を実現できるわけなんてないのだ。

もう一つ、起業家集団において重要なのは、彼らの「目的性」が、この社会を支配するルールと相似の関係にあるということだ。

この社会を支配する、万人に公約された最も大きなルールの一つは、「お金を稼ぐ」ということだ。資本主義社会では、どのような形であれ、お金がないと生きてはいけない。

企業体というのは「継続的に利益を上げること」という「目的性」がアプリオリに設定された集団である。つまり、企業を立ち上げてビジネスをするということは、それだけで社会に適合的な行動を取っていることになる。

社会というゲーム盤のルールと、起業家集団というプレーヤーの目的が一致しているのだ。

目的が共有されている集団は、ただの「愛情」や「友情」だけでつながっている人間関係よりも、長続きしやすい。しかも「お金を稼ぐ」というこの社会の普遍的なルールが共有されているならば尚更《なおさら》だ。

「お金目当て」の強さ

これは、社会的企業がこれほど注目されている理由とも関係している。社会的企業というのは、ボランティアやNPOなどと違って「社会にいいこと」をビジネスにした集団のことだ。ただ「社会にいいこと」をするのではなくて、それをビジネスにすると社会運動の抱える一つのジレンマを解消することができる。

「社会をよくしたい」という良心で始まったはずの社会運動は、これまでに数え切れないほど頓挫《とんざ》してきた。

なぜ運動は頓挫してしまうのか。理由の一つは、途中でみんなの目的がズレてしまうからだろう。運動に参加する人たちが抱く「よい社会」像というのは、少しずつズレている。大きな目的に集う初期段階では気付かなかったような細かな違いは、運動が進むにつれて深刻になっていく。

だけど、ビジネスとして「社会にいいこと」を行う社会的企業では、その問題が回避される可能性が高まる。なぜならそれがビジネスである以上、「継続的に利益を上げること」が組織にとって大前提の目的として共有されるからだ。

社会的企業の成功例として語られるマザーハウスで働く若者たちを取材したことがあるが、彼らはそろって「仕事として継続しなきゃという責任感がある」「ただの仲良しサークルじゃない」「継続してビジネスをしないといけない」と口にしていた。

ただの社会貢献ではなくて、ビジネスとしてマザーハウスという会社を大きくしたい。自分たちの待遇を良くするためにも、自分たちの手で会社を大きくしていきたい。そんな起業家のようなことを二〇代前半の新入社員までもが言っていた。

「継続的に利益を上げること」という最優先の目的を前にして、個々人が掲げる「よい社会」像の違いは一つ優先順位が低い目的になる。社会的企業では、まずは利益を出して、その間に「よい社会」像を徐々にすりあわせていく、ということが可能になるのだ。

ビジネスとボランティアには、スピード感の違いもある。ボランティアなど「儲からない」事業は、誰かの良心や思想に訴えかけて行われることが多い。一方で、ビジネスを展開する際には、基本的に思想や良心なんて関係がない。儲かる事業に対して、マーケットは思想なんてお構いなしに投資をするからだ。

だからあらゆる事業はビジネスに乗せることによって、展開が劇的にスピーディになる。そういった意味で、ビジネスというのは「社会を変える」加速装置と言ってもいいだろう。

「お金儲け」だけでもうまくいかない

利潤を上げるというのは、企業の大前提だ。だけど「お金儲け」だけを追求していても、組織は簡単にバラバラになってしまう。

松島とも仲がいいオトバンク会長の上田渉（一九八〇年、神奈川県、スーツにママチャリで移動する）は、起業する前にいくつかの失敗を経験している。一つは中高生に教育プログラムを提供するＮＰＯの立ち上げ。理念はよかったものの、活動資金さえも十分に調達できずに、立ち上げる前に計画は頓挫してしまった。

もう一つは、先輩から誘われたＩＴ企業の立ち上げ。こちらはビジネスとしてはある程度成功したにもかかわらず、収益をめぐるトラブルに巻き込まれてしまった。株の持ち合い比率をめぐるオーナーや取締役たちのもめ事だった。

そうした経験をする中で上田は、「収益至上主義ではうまくいかない」ということにも気がついた。ただ社会にいいことをしてもダメだし、ただ収益だけを求めても、ビジネスはうまくいかない。

上田が二〇〇四年に設立したオトバンクは、書籍を音声化したオーディオブックの配信がメイン事業だ。

彼の原体験には、読書好きだった祖父が緑内障《りょくないしょう》で失明したことがあるという。祖父のように目が不自由な人にも幸せな読書を提供したいというのは、オトバンクの企業理念になった。大学時代は政治家を目指し、元参議院議員の鈴木寛《かん》（一九六四年、兵庫県、東京大学公共政策大学院教授）たちとともに活動をしたこともある上田だが、現在は「政治より起業で社会貢献」することを考えているという。

上田のように積極的に社会貢献を謳《うた》うわけではないが、松島も組織を続ける上での理念の大切さをこう語る。

「会社を立ち上げる時に、企業理念を考えないといけない。みんな時間がない、そんな暇がないと言うけど、ビジネスが軌道に乗ったらもっと忙しくなる。はじめに『どうやって働きたいのか』『どんな会社を作りたいのか』ということを決めておかないと、途中で会社はバラバラになっちゃう」

壊れやすく、つながりやすい

「ゼント」や「オトバンク」といった企業自体は簡単には壊れない。そして彼らはプロジェクトに合わせて有機的にコラボレーションをしたりする。だけど、そのプロジェクトが終われば、またバラバラに戻る。

起業家集団がお互いを高め合える理由。それはその「集団」が非常に壊れやすく、つながりやすいことにもある。彼らは基本的にプロジェクトベースで動く。たとえば松島は常に三〇以上はプロジェクトを回している。そしてプロジェクトごとにメンバーは入れ替わる。

つまりプロジェクトごとに絶えず外部から「目的性」が調達されるため、集団が「冷却」されている暇はないのだ。

より正確にいえば、プロジェクトが終了か停止するたびに、その集団はいちいち解散してしまう。そのような小さな単位でのコミュニティの成立と解散が起こっているから、外側からはさも彼らが、常時活発に活動しているように見える。

もちろん、ここでも「文化」を共有した「仲間」の力は強い。松島たちは、知り合いや仲間を有機的につなげて、それを仕事にしていく。

一般の企業と違って明文化された雇用契約によって結ばれた関係ではないので、「定時になったので帰ります」といったような人はいない。合宿感覚で朝まで徹夜をしたり、そのままご飯を食べに行ったり、まるで仲のいい学生サークルのようなノリで仕事をすることができる。

特に突発的なトラブルが頻繁に起こるIT業界やエンターテインメント業界では、このような「文化」をともにした「仲間」との仕事は効率がいい。夜中の三時にサーバーがハッキングされることもあるし、イベントで出演予定のモデルが急遽《きゅうきょ》出られなくなるということもある。

働く時間や内容を雇用契約で明文化できないような仕事が、あまりにも多すぎるのだ。結局、夜中三時に電話をしても駆けつけてくれるような「仲間」の存在が、仕事をこなす上でも鍵になってくる。

しかも、こういった信頼で結ばれた関係というのは、どんどん広がっていく。「まっちゃんの友達だから安心だ」「村上さんの紹介だから大丈夫だ」というように、信頼できる仲間が信じている人は、自分にとっても信頼できる人になりやすいからである。

社会学では「信頼の推移性」と言ったりするが、このように「つながり」は次々に拡張されていく。そして、もともとはまるで別々だったコミュニティ同士がつながっていく。そう、かつての大ヒット曲「WOW WAR TONIGHT」でも歌われたように

「いつの間にやら仲間はきっと増えてる」のだ。

3　僕たちに車は作れない

小さなことはいいことだ

起業やベンチャーについての本を読むと、当たり前のように企業規模の拡大が前提に書かれていることがある。スモール・ビジネスから始まったベンチャーも、成長期、経営基盤確立期を経て、最終的には株式公開を目指すというのだ。

組織は確かに成長するに従って、創始者の個人的能力だけでは管理できないほどの資源を扱うようになる。そこで組織は新しく従業員を雇用するようになる。多くの人を束ねるために規則が設けられ、それぞれの職務は分担されるようになっていく。

だけど、この本で取り上げる起業家たちは、ほとんどが会社の規模を大きくすることを志向していない。上場を目指してもいない。

「小さな組織」にとどまり続けることは、かつてならば「零細企業」としてバカにされることがあったかも知れない。しかし最近では「大きな組織」の弊害こそが様々な形で指摘されるようになってきた。

特にバブル崩壊以降、人員や設備、土地を大量に抱え込むことが、経済変動が起こった時に経営リスクになることが意識されるようになった。需要の変化に柔軟に対応するためには、企業は抱え込むものを最小限に抑えて、必要なものをその都度調達して、ネットワーク的につなげたほうが合理的だというのだ。

これはただ単に日本で不況が続いているだけの話ではなく、経済や産業構造の変化とも連動する話である。

ある時期までの日本というのは、冷蔵庫、クーラー、自動車といったように、みんなが欲しいモノはたいてい一致していた。そんな時代の企業の戦略は簡単だった。大量にモノを作って、それを安く売ればいい。そのためには、会社も人や設備を大量に保有する必要がある。

だけど、そんな時代は終わり、今や消費者の欲しいものはバラバラだ。しかも消費の中心が「モノを買う」ことから、「体験を買う」ことに移行しつつある。

わかりやすい例は東京ディズニーランドと電化製品の価格の推移だ。一九九〇年代初頭には四四〇〇円だったディズニーランドの入場料金（ワンデーパスポート）は、一九九七年には五二〇〇円、二〇〇六年には五八〇〇円、二〇一四年には六四〇〇円にまで値上がりしている。夢の国に、デフレの風は吹かないらしい。

一方で、デジタルビデオカメラの値段は信じられないくらい大暴落している。たとえば家庭用デジタルビデオカメラは一九九五年の発売時には三〇万円前後したが、現在は似たような製品が二万円程度あれば買えてしまう。ていうか、iPhoneでも動画なんて撮れるから、別にビデオカメラとかいらない。

大企業はオワコンなのか？

ビジネス書や雑誌では「小さな組織」の価値を見直すのが最近の流行だ。こういったスモール・ビジネス論自体は、実は昔からある議論なのだが、おそらく日本を覆う「閉塞感」が現在の「小さな組織」ブームの背景にあるのだろう。

特に、二〇一一年に起きた東日本大震災は、大きな組織が抱える様々な弊害を露呈させた。東京電力も官庁もメディアも、その巨大さゆえに身動きが取れない。企業の規則を破ると怒られるけど、規則「さえ」守っていれば、それが社会的におかしいことであっても怒られない。

そういった官僚制の弊害は、原子力発電所の事故という、先進国で考え得る最悪のアクシデントであらためて明らかになった。東京電力のトップだった勝俣《かつまた》恒久（一九四〇年、東京都）は事故が起こる前の二〇〇八年、脳天気に「今は何でも言いやすい雰囲気になって、我が社もちょっとは進歩した」なんて言っていたけれど（弘兼憲史&モーニング編集部編『社長たちの成功学』講談社）。

最近のイノベーション研究でも、官僚型組織の評判は非常に悪い。組織社会学者のデヴィッド・スタークによれば、イノベーションを起こしやすいのは、様々なユニットが多様な評価基準に基づいて、水平方向にフラットにつながる組織だという。現にシリコンバレーやハリウッドでは、小さな組織が有機的につながり、数々のイノベーションを生み出している（『多様性とイノベーション』日本経済新聞出版社）。

また、組織の規模がだいたい一五〇人くらいまでならば、厳格なルールや序列構造がなくても仕事が回るという研究もある。ダンバー数と呼ばれるが、人は一五〇人とは「顔が見える」安定した社会関係が結べるのだという。

しかし、そんなことをいっても「大企業はオワコン」というわけでは決してない。

まず、大企業自身が時代に対応して、組織構造を変えてきているからだ。変化の激しい市場に追いつくために、部署やチームに大幅に権限を委譲し、指揮系統をフラットにする、なんていう組織形態は決して珍しいものではない。最近では、社内ベンチャーが注目を浴びる機会も増えた。

そして、大企業にしかできないことは今でもたくさん存在する。たとえば自動車を大量生産するためには企画・開発部門、製造部門に加えて、部品を供給する会社、販売会社など多くの系列企業が必要だ。消費者にモノを送り届けるという経済活動のエンドの部分には、どうしてもマンパワーが必要である以上、これからも大企業は残っていくだろう。

メガ企業とミニ起業家の世界

産業構造がいくら変化したところで、その中心に位置し続けるのは、これからも大企業ということだ。

実際、この本に登場する起業家たちも、その多くは大企業と手を組んで仕事をしている。すでに大企業が多く存在する日本社会では、彼らを目指すよりも、彼らと手を組んだほうが合理的だからだ。

つまり、「起業家」だからといって、誰もが大企業を破壊して新しい社会を作ろうとしているわけではない。それどころか既存の組織と共存関係を構築することで、この本の登場人物たちは大企業を延命させているとも言える。

昔から、小さな企業が大企業と組むことは決して珍しいことではない。

そもそも「下請け」や「系列」という形で、大手企業とのサプライチェーンに組み込まれるというのが、典型的な日本の中小企業の姿だ。特に自動車や電気・電子機器といった組立型産業では、大企業（親会社）をトップとするピラミッド型の下請け構造がまだまだ残っている。

そのかつての「下請け」と松島たちとの違いは、大企業との付き合い方がよりフラットということだろう。もちろん一社だけに依存なんてことはしない。相手が大企業の人間だろうが、まずは「仲間」として付き合う。お互いに「会社」という単位で仕事をしているわけではないのだ。

このような働き方は、経営組織学者リンダ・グラットン（一九五五年、リバプール）が『ワーク・シフト』（プレジデント社）で描いた近未来とも一致する。彼女によれば二〇二五年までに、世界中で何十億人もの人がミニ起業家として働き、他のミニ起業家とパートナー関係を結びながら相互依存していくエコシステムが築かれていくという。

それと同時に彼女は、メガ企業の台頭も予測している。経済システムの中核には、膨大な数の顧客に製品やサービスを提供するグローバルな巨大企業が存在する。その周囲にはミニ起業家で構成されるエコシステムが形成され、巨大企業とコラボレーションをするのだという。

この時に、「社内」と「社外」の区別は流動的なものになっている。企業のフルタイムの社員とパートナー社員、ミニ起業家たちが入り交じり、プロジェクト単位で働くようになっているからだ。

そう、この本で描いてきた人々の日常と何ら変わりがない。

現代の職人、現代のギルド

リンダ・グラットンは未来の世界では、いくつもの専門分野を持ち、知識や技能を深めていく必要があるという。それは中世の「職人」に近い存在だ。

実際、日本のインターネットの根幹部分は限られた数の「職人」によって支えられている。たとえば千代佑が活躍するような情報通信ネットワーク業界で、「本当にできる人」というのは一〇〇〇人に一人いればいいほうだ。

彼らが活動する場は大企業、大学、フリーとばらばらだが、知り合いを一人介《かい》せばつながってしまうような狭い世界だ。実働部隊は大量に存在するが、大企業であってもネットワーク設計の根幹部分の指示をしているのが、実はたった一人だけということも珍しくない。

「本当にできる人」の年齢は一九七〇年生まれから一九八五年生まれの間に集中して

いるという。ちょうど日本でインターネットが商業化されようとしていた時期に思春期や青年期を迎えた人々だ。インターネットが切り開く未来に可能性を感じて、同世代のベスト・アンド・ブライテストたちが通信業界に集まったのだ。

しかし、それより後になると、インターネットは電気やガスのように「あって当たり前のもの」になってしまう。だから、千代たちよりも下の世代では、インフラとしてのインターネットというよりは、コンテンツを提供するサービスとしてのインターネットに興味を持つ人たちが増えていった。

結果的に、インフラ寄りのインターネット業界における「職人」は、極めて数の限られた同質的な集団になった。

多くの大企業は「職人」を抱えていない。だから本当に技術力が必要な案件に関わる場合は、「職人」のいる「小さな組織」に仕事を発注することになる。そういった形で「小さな組織」で活躍するミニ起業家たちが、大企業の延命を助けているのだ。「職人」たちは常に一緒に行動するわけではないが、お互いの存在を認知はしているという。同じ大学の研究室の出身者が多い、狭い世界だからだ。そのような「横のつながり」は、仕事の時に役立つことも多い。

こうした彼らのつながり方を「現代のギルド」と呼んでもいいだろう。

起業家と下請けのあいだ

だけど、残念ながら誰もが「職人」になれるわけではないし、「ギルド」に入れるわけでもない。高度な専門性を身につけられるかは、彼らがどのようなトランポリンを利用できたかなどの要素が大きく影響する。

そもそも、全員が「職人」になってしまったら、この社会は回らない。

この社会には、マクドナルドのアルバイトを筆頭に、「職人」が担う必要がない仕事が数多くある。熟練の必要がなく、マニュアルで対応できるような「誰でもできる仕事」は、どんな社会にも存在する。「職人」ではなくて、「職員」で十分なのだ。

そして注意しなくちゃいけないのは、本当はただの下請けなのに、さも「起業家」のように扱われることで、うまく使われちゃう可能性があるってことだ。「新しい働き方」をめぐる主張には、いつもこのジレンマがつきまとう。

たとえばバイク便ライダーなど運送業に従事する人は、会社と請負契約を結んで、フリーランス（一人親方）として働くことが多い（阿部真大『搾取される若者たち』集英社新書）。歩合制で働くため、もちろん最低賃金は保障されない。事故にあっても労災保険は適用されず、すべて自己責任だ。

また法人を立ち上げたばかりの「起業家」にも、アルバイトみたいなことばかりをしている人たちがいる。会社の固定費を捻出するために、最低賃金を下回ることを承知で大してお金にもならない仕事を引き受けてしまうのだ。

そのような「アルバイト事業」に集中していると、いつまで経っても本来の事業は成長しなくなってしまう。

実際には都合よく「搾取」されているだけかも知れないのに、気分だけは「起業家」だから、どんどん仕事にのめり込んでいく。そんな光景はすっかりこの国でありふれたものになってしまった。

だから、ここで考えなくちゃいけないのは「起業家」という言葉の魅力と、その危険性だ。僕たちはどんな風に働いていけばいいのだろう?

第五章　あきらめきれない若者たち

努力して「いい学校」に入れば「いい会社」に入社でき、「いい人生」が送れる。そんな「中流の夢」が壊れはじめている。一方で、学歴も資格もいらない「非資格型専門職」になることに憧れる若者たちがいる。そんな現代社会における「働き方」の構図をこの章では見ていこう。

〔スケッチ7〕美容院で働きすぎる若者たち

表参道などに数店舗を構える中堅の美容院がある。スタッフ数は一〇〇人弱。人気サロンの美容師たちの労働時間は長い。入社三年目のユキ（二三歳）は、毎朝八時頃に出勤して終電の出る深夜一二時頃まで働く。休日は基本的に週一回だが、それも雑誌の撮影などが入ってしまい潰《つぶ》れることが多い。

この激務に身体を壊し、数ヵ月で辞めてしまう美容師たちも多い。特に業界の華やかさに惹かれて美容師という職業を選んだ人にとっては辛いようだ。タクミ（二一歳）がその典型例だ。

「やっぱオトナになってもスーツは着たくないねって話して。それで友だちと美容師いいんじゃねって、盛り上がって。華やかだし絶対これしかないって。やばい、かっこいいって」

しかし実際に仕事を始めると、それは予想とはだいぶ違った。「本当に地味な作業ばっかりなんですよ、美容って。しかもお店に入ってもはじめは掃除とシャンプーくらいでしょ」とタクミは愚痴をこぼす。専門学校時代の同級生も、アパレルの店員やコンビニでのアルバイトなど美容業界と関係なく働いている人も多いという。

ただ、カオリ（二五歳）が言うように「一年いれば、あとはそこから辞めることはあまりない」らしい。カオリの同期は一〇人くらいいたが、そのうち三人は一年目までに辞めてしまったが、その他のメンバーは今でも同じお店に残っているか、違うサロンで働いている。

最近では「美容師は重労働」という認識もだいぶ広がっているらしく、今年入社したばかりのヒロ（二一歳）は「もっと忙しいと思ってました。終電でも帰れないみたいな」と笑いながら話す。彼は「この前時給換算したら二〇〇〇円くらいだった」と言うが悲壮感はない。

入社まもない美容師たちにとってサロンは労働の場であると同時に、学習の場でもある。この美容院の場合、店舗の営業時間自体は昼一時から夜の九時までだ。営業時間前は雑誌用の撮影、営業時間以降は新人たちの練習とミーティングに充《あ》てられることが多い。実際の勤務時間は一五時間を超えることも珍しくない。

整備されたキャリアラダー

この店では大きく分けて「アシスタント」と「スタイリスト」という二段階の役職がある。専門学校卒の新人たちは皆、アシスタントから始める。アシスタントの中でもシャンプーと接客だけができるレベル、パーマやカラーをしてもいいレベルなどいくつかのステップがある。ただしスタイリストになるまで給料は固定されている。

そしてスタイリスト試験に合格して初めて、彼らは一人前の美容師として自分の顧客を持ち、髪を切ることができるようになるのだ。このスタイリストになるには早い人で三年半程度、遅い人では五年くらいかかるという。入社五年目のカオリは「私もう崖っぷちなんですよ」と笑う。スタイリストになれないからといって店を辞める必要はなく、実際六年以上かかる人はまずいないようだ。

店長のトモヒコ（三二歳）は採用基準を以下のように話す。

「基本的には何かに秀でた人かな。ここだけは上手《うま》いとか、学校の成績がいいとか、容姿がいいとか。あとは平均的な人っていう枠もある。何でも一応できるんだけど、特に何かがないっていう人。結局、そういう人が一番伸びたりするからね。何かに特化した人は、育った後にアンバランスになっちゃうこともあるし」

スタッフたちの仲はおおむね良好なようだ。ほとんどの時間を一緒に過ごしているにもかかわらず、休みの日に会うということも珍しくない。さすがにルームシェアをする人まではいないようだが、多くのスタッフたちが店舗の側《そば》に部屋を借りているため集まりやすいという地理的要因もあるようだ。

それでも働き続ける理由

激務でありながら、なぜ若者たちがこの美容院に留《とど》まるのか。大きく分けて二つのパターンの若者がいるように思える。

一つは、自己実現として美容師という職業を続ける若者たちだ。彼らの「やりがい」を支えるのは、サロン側が用意したキラキラした舞台装置である。

東京の中心地にあり、雑誌にもよく取り上げられる有名店。カオリが「地元で働いてる友だちもいるけど、やっぱりこういうお店のほうがいろんな技術も学べるし、東京のほうが色々なものを見るチャンスも増える」と言うように、有名サロンということ自体が、意欲ある若者に訴求力を持っていることがわかる。

そして、より重要なのはこのサロンにきちんとキャリアラダー（キャリアアップのための梯子《はしご》）が整備されていることだ。

トモヒコが「昔はそれこそ見て覚えろみたいな時代もあったけど、今は全部教える。テクニックも隠さない。どうせすべてを習得できるわけじゃないし、結局は自分流のテクニックができていくものだから」と言うように、営業時間後は先輩スタイリストたちが、アシスタントたちにカットの方法を教える。

「昔よりメンタルが弱くなっている気がするから、注意する時もすごく気を遣う。上下関係というよりも、対等な立場で一緒に考えてみようみたいな感じとか。怒った時はきちんとフォローするとか」

一方で、惰性で美容師を続ける若者もいる。タクミもそのうちの一人だ。もはや美容師を始めた当初に抱いていた「自分の店を持つ」という夢をあきらめながら、それでも理由なく仕事を続ける。

「はじめのほうは辞めようと思ったこともありますけど、今はもう何が何だかわかんないっていうか。たぶんずっと続けていくんだと思うんですけど。うーん、はじめは将来店持ってやるぜ！　とか言ってたんですけど、なんか最近はそれが現実的じゃないこともわかってきて」

タクミは同時に将来への不安もこぼす。「身体壊して辞めていく人も多いですね。一日中立ちっぱなしだし、仕事時間は長いし。店持たなくて一生現役ってことも可能ですけど、あんまりいないですね」。彼が今憧れるのは公務員として働く同級生だ。

「高校生の時、友だちが公務員の専門学校に行くっていうの聞いて、まじこいつ夢とかないのってバカにしてたんだけど、今にして思えばあいつ賢かったなって。同級生と会うと、年収とか仕事の話になるじゃないですか。公務員、まじやばい。五時に帰れて、年収も美容と全然違うし。そんなにもらって何に使うのって。貯金してるらしいんですけど。美容師やってたら貯金なんて概念ないですからね」

〔スケッチ8〕居酒屋で働く若者たち

「仕事は朝の五時で終わるんですけど、そのあと八時まで彼らはタバコ吸ったり、だらだらしゃべったりしてるんですよ。あいつら、やばいでしょ」

大学生のコウスケ（二〇歳）は、大手居酒屋チェーンの運営する和風居酒屋で去年の夏からアルバイトを始めた。居酒屋を選んだのは「学校のない時間に一気にお金が稼げるから」というのが一番の理由だ。自分もその居酒屋で働く彼が「あいつら」と語るのは、アルバイトを本業とするフリーターたちのことだ。

その店舗には従業員が五〇人程度いるが、店長ともう一人の社員以外はすべてアルバイトだという。アルバイトは大きく二種類のグループに分けられる。一つはコウスケのように大学生がお金を稼ぐことを主な目的として働いている「大学生グループ」、もう一つは生活の中心が居酒屋のアルバイトである「フリーターグループ」だ。

「大学生グループ」も「フリーターグループ」も同じ形態で雇用されている以上、時給や勤労体系などに差はまったくない。基本的に仕事時間は早番が夕方五時から夜一一時、遅番が夜一一時から朝五時までの二種類である。

職種としてはホールスタッフとキッチンスタッフの二種類があり、バイト代はともに二二時までが一〇〇〇円程度、二二時以降が一三〇〇円程度だ。ドタキャンも可能で、シフト自体もかなり融通が利く。

仕事内容は完全にマニュアル化されており、大学生のヒロキ（二二歳）は「長く働いて身につくテクニックは手際だけ」と笑う。あらゆる料理は簡単に作れるように準備されていて、そこで求められるのはスピードだけだ。食材を床に落としても見た目さえ問題なければ、水で洗って対応する。鍋料理はキャンセルの出た瞬間にすぐ廃棄する。「皿は一秒で洗わないと怒られる」のだという。

また、マネジメントコストも極力削減されるようなシステムが導入されている。たとえば一日の仕事のうち、「揚げ物担当」「ホールの何番エリア担当」など個人の担当が決まっていて、業務が止まった場合は、誰に原因があるのかが一目瞭然でわかる。

仕事はお金のためか、承認のためか

このように職務内容や、勤労システム自体には差がないにもかかわらず、「大学生グループ」と「フリーターグループ」では、アルバイト先の居酒屋というコミュニティへの関わり方がまるで違う。

それが顕著に観察できるのが、アルバイト時間が終わった後の行動だ。大学生グループは仕事が終わった後すぐに帰宅してしまう人が多いのに対して、「フリーターグループ」は数時間タバコなどを吸いながら話し続ける。前半シフトが終わった後、朝五時まで職場とは別の居酒屋で飲み続けて、後半シフトに合流する日もあるという。

飲み会や誕生日会を積極的に行うのも「フリーターグループ」だ。「大学生グループ」が居酒屋を金銭獲得の手段として受容しているのに過ぎないのに対して、「フリーターグループ」は居酒屋を承認欲求を満たしてくれるコミュニティだと考えているようだ。

「フリーターグループ」にとって、居酒屋でともに仕事をする人は「仲間」である。ある人がシフトを詰め込みすぎて、ふらふらになりながら働いていた時のことだ。「大学生グループ」の反応が「疲れていて、それでまわりに迷惑をかけるならシフトをいれなければいい」だったのに対して、「フリーターグループ」の反応は「彼も疲れているんだから、みんなで協力して助けよう」というものだった。

一方、「フリーターグループ」から見ると、「大学生グループ」は仕事に真剣ではないように見える。フリーターのシンジ（二一歳）は「結局大学生の子って、お金目当てでやってる人が多いから仕事に真面目じゃない子が多いって言うか。不真面目とは言わないけど」と言う。大学生のコウスケが「フリーターグループ」を「あいつら」と語るのと同様に、「フリーターグループ」も「大学生グループ」にネガティヴな視線を向けていることがわかる。

「卒業」していく若者たち

「フリーターグループ」は多くの場合、この居酒屋でのバイトが唯一の仕事である。時給の高い夜に働くことが多いため、貯金ばかりが貯まっていく人も多い。コウスケは「あいつら、高い服を着ている」と指摘する。働く日数や時間の関係で月収に換算して三〇万円から四〇万円ほど稼ぐ人も少なくないのだ。

しかし、「フリーターグループ」が正社員になろうとすることはほとんどないという。アルバイトから正社員への道は制度上存在するものの、シンジは「決まった日に来ないといけないし、給料も安い」ことが理由で正社員に魅力は感じない。

むしろ「フリーターグループ」は二年程度で居酒屋を「卒業」していくことが多い。「フリーターグループ」にとって居酒屋は大切な「居場所」ではあるけれども、永続的に所属しようと思う人は少ない。

彼らが居酒屋を辞めようとする理由は「そろそろ就活しなきゃ」「トリマーになりたい」「ここは居心地が良すぎる」と一見さまざまだが、そこには共通して「このまま居酒屋でアルバイトをしていてはいけない」というある種の閉塞感がある。

居酒屋バイトは確かに居心地のいいコミュニティであるが、「このままじゃいけない」という意識が二年程度で芽生え出すことが多いのだという。

しかし、彼らが居酒屋を「卒業」した後でより社会的地位の高い職業に就くとは限らない。トラック運転手やタクシー運転手になった人も多い。もしくは別のアルバイトに就いても、収入が居酒屋より下がってしまう人も少なくないという。

1　あきらめられない不幸

失われた二つの夢

かつてこの国には、二つの上昇ルートがあった。一つはサラリーマンとして出世をする「主ルート」。もう一つは、ブルーカラーとして雇われた後に独立して、自営業者という「一国一城の主」になるという「副ルート」だ（佐藤俊樹『不平等社会日本』中公新書）。

それは「努力すれば何とかなる」と多くの人が思えた社会だった。勉強ができる人は「いい学校、いい会社、いい人生」を目指す。勉強ができない人は、「腕一本」で自分の専門性を高め、将来の独立を目標にする。

僕たちが住む近代社会は、どんな貧乏な村の、どんな親から生まれたとしても、

「誰もが総理大臣になれる」「誰もがミリオネアになれる」という希望によって支えられている社会だ。

自分が生まれる前に決まっていた身分や家柄ではなくて、自分が生まれてからどのような「業績」を積んだのか、「能力」を身につけたのかで、社会的な地位が決まる。この仕組みのことを社会学者たちはメリトクラシー（業績主義）と呼ぶ。

戦後日本のメリトクラシーには「いい学校」に入れれば「いい会社」で出世できるという学歴社会ルート、「腕一本」で成り上がる「一国一城の主」ルートという二つの道があったことになる。

しかし、戦後のある時期を境に「一国一城の主」への道は閉ざされていく。高度成長期以後は開業資金もバカにならなくなり、自営業者になることがどんどん難しくなっていったのだ。

では、自営業者として独立するはずだった人はどこへ行ったのだろうか？　統計を見ると、非正規労働者は増加してきたものの、正規で働く人が減っているわけではないことがわかる。代わりに急速に減少したのは、自営型のキャリアだ。つまり、フリーターの増加には、自営業キャリアが形成しにくくなったことが関係している（香川めい「日本型就職システムの変容と初期キャリア」石田浩他編『現代の階層社会二』

東京大学出版会)。

かつての日本は学歴がなくても「学校だけがすべてではない」と思える社会だった。しかし、ある時期からこの国は、あらゆる階層の人びとが受験レースに参加し、少しでも偏差値の高い学校の合格を目指し、少しでもいい会社に入ろうとする「大衆教育社会」に収斂《しゅうれん》していく(苅谷剛彦『大衆教育社会のゆくえ』中公新書)。

メリトクラシーの崩壊

しかし、今やその「大衆教育社会」も危機にさらされている。

バブル崩壊後に人びとが目撃したのは「いい会社」の相次ぐ破綻やリストラだった。ソニー、日産、松下電器(当時)など大企業の大幅収益悪化というニュースが続いた。一九九七年には山一證券、北海道拓殖銀行などの大型金融機関が相次いで破綻したことも世間を驚かせた。大企業はこぞって「リストラ」という名前の賃金カットや雇用調整を実施した。そのような時代に、学生たちはもう素朴に「いい会社」を目指すことができなくなった。

そもそも「いい会社」に入ることが本当に「いい人生」を保証するのかは、一九八〇年代から繰り返し問われてきたことだ。「過労死」や「エコノミック・アニマル」

という言葉に象徴されるように、経済成長の裏側ではサラリーマンの悲哀が繰り返し語られてきた。

今では忘れられがちだが、「正社員」と「専業主婦」のカップルというのは、会社に束縛された「社畜」と、近代家族に束縛された「家事従事者」という最悪の組み合わせだったのだ。

若者からすれば、大企業の正社員になることの魅力はかってとは比べものにならないほど減っている。「いい会社」さえ倒産する時代だ。しかも終身雇用が保証されているわけでもないのに、年功序列という名目で若者は安い賃金で長時間働かされる。

かつてエリートがこぞって目指した国家公務員も悲惨だ。天下りができるわけでもないのに、若手官僚が夜遅く（時には朝早く）まで働かされる部署も少なくない。サービス残業も多い。農林水産省で働く僕の友だちは「時給換算したら三〇〇円だよ」と笑っていた。全然笑えない。

「いい学校」に通う優秀な学生からしてみたら「やってられるか」という話になるだろう。かつて官僚養成予備校とまで言われた東大法学部の学生たちが、ゴールドマン・サックスなどの外資系企業や法科大学院に目を向けはじめたのが象徴的である。

どうせ将来が保証されないのなら、「実力本位」で稼げる外資系や、自身の「専門性」で稼げる法曹を目指すというのは納得のできる話だ。そういえばこの前東大の学食で、「官僚になるなんて、官僚にしかなれないガリ勉のすることですよ」という学部生たちの会話を聞いた。東大生、怖いな。

あきらめきれなかった若者たち

「大衆教育社会」としてのメリトクラシーの機能不全は、「あきらめ」の仕組みの崩壊でもあった。「いい学校」に行けば「いい会社」に入れ、「いい人生」が送れるという「物語」が共有されている社会では、受験に失敗した人たちは少しずつ「いい人生」をあきらめていく。受験による選抜が若者たちに過度な夢をあきらめさせる効果を果たしていたのだ。

しかし、メリトクラシーの壊れかかった今の社会では、「あきらめきれない人」と「あきらめてしまった人」の差が拡大している可能性がある。

「あきらめてしまった若者」には、現代はある意味で楽な社会だろう。ユニクロとZARAの服に身を包み、マクドナルドで友だちとランチ。休みの日には少し遠くのショッピングモールへ。ラウンドワンで汗を流し、家に帰れば友達とLINEでスタンプを送り合う。

しかも今の若者の親世代である五〇代、六〇代は、まだまだ現役で働いている人も多く、介護が必要となる年齢でもない。貯蓄率も高く、持ち家率も八割を超える。多くの若者たちは恵まれたインフラの中で、日本史上最高の豊かさを享受している。

受験競争に巻き込まれることもなく、先行世代から受け継がれた「幸福」の中で暮らす「あきらめてしまった人」はいい。しかし、「あきらめきれない人」には、この国は少し大変な社会かも知れない。

まず、何をどう頑張ったらいいのかが、すごく不透明だからだ。

〔スケッチ7〕や〔スケッチ8〕で描いたように、多くの若者たちは現在の状況をそのまま続けても、未来が幸せになるとは思っていない。だから自分の生活に変化を起こそうと何か新しいことを始めようとしてしまう。

だけど「このままではダメだ」という意識を持ったところで、そこで何をしたらいいかわからない。日本では、向上心がある人でも学歴がない場合やフリーターを続けている場合のレベルアップの仕組みが整備されていないからだ。

一方で、かつての「いい学校」に入り「いい会社」を目指すという「主ルート」も、その姿を大きく変えつつある。

受験勉強だけができる学歴エリートの価値は下がり、就職の際には学歴に加えて

「人間力」や「コミュニケーション能力」が当たり前に要求されるようになった。「人間力」にはペーパーテストで測れるような明確な基準がない。つまり、ただのガリ勉じゃダメなのだ。

一方で、「いい学校、いい会社」ルートの外側には、もっとキラキラした人生が転がっているように見える。スポーツ選手、歌手、漫画家、声優、パフォーマー、旅人、カフェオーナー、そして起業家。そういった職業に就くことに、たいていの場合学歴は必要がない。

「どんなに辛くても夢をあきらめないで」「やればできる」といった、夢に向かって頑張る若者たちを応援するメッセージも、この社会には溢れている。勉強さえしていればある程度の地位を獲得することができた「大衆教育社会」と違い、「やればできる」と言われても、何をやればいいかはわからないのに。

2　みんな学歴の話が大好き

学歴はまだ残っている

もはや、学歴というものはまるで役に立たなくなってしまったのだろうか。

そんなことはない。むしろ学歴が果たす役割は、かつて以上に強まっているとも言える。確かなものがない流動的な社会では、人々は何とか「確かなもの」を求めようとする。そこで立ち現れる「確かなもの」は、結局のところ学歴や社歴だからだ。

今でも人々は「東京大学」や「慶應大学」「早稲田大学」に価値があると信じ、企業でいえば「三菱商事」や「グーグル」「マッキンゼー」といった大企業や優良企業出身者の人を信じている。

そして大企業や優良企業に入るには、偏差値が高い大学に入ったほうが有利だ。万単位で応募が殺到する人気企業は、効率的に志望者を絞るために学歴でスクリーニングをせざるを得ない。企業はあらゆる手を使って、名門大学の学生に有利な選抜制度を構築している。

また、就職した後も、偏差値六〇以上の大学出身者は他大学出身者よりも平均所得が一三〇〇万円以上高く、東京大学、京都大学、慶應大学、早稲田大学の四校は突出して多くの上場企業役員を輩出していることがわかっている（橘木俊詔・八木匡『教育と格差』日本評論社）。

昔と少し事情が違うのは、名門大学に入るために、必ずしもペーパーテストの成績が良くなくともいい点くらいだろう。慶應義塾大学ＳＦＣが一九九〇年にＡＯ入試を導入してから、全国の大学が学力以外の物差しで受験生の選抜を行うようになった。中には「詩」とか訳のわからないジャンルで大学に入る人もいる。よりによって、そんな人物が「社会学者」を名乗ることもある。

また一般入試のあり方も様変わりした。

たとえば明治大学にはとんでもない回数の受験機会がある。まず一般入試だけでも「一般選抜入試」「全学部統一入試」「大学センター試験利用入試（前期日程）」「大学センター試験利用入試（後期日程）」の四種類があり、それぞれの併願も可能だ。

さらに特別入試として学部ごとに「AO入試」「グッド・パフォーマンス入試」「スポーツ特別入試」なども用意されていて、学部にこだわらず明治大学に入りたい人には数え切れないくらいの受験のチャンスがある。

明治大学は一般入試志願者数が二〇一四年度まで八年連続で一〇万人を超えている。受験生のためにホテルの斡旋などをする「株式会社明大サポート」といった企業もある。ビジネス的には大成功だ。

「いい大学」に入るメリットは、学歴という資格だけではない。「いい大学」には確率的に「いい学生」が集まりやすく、ピア・ティーチングという機能が働きやすい。

たとえば帰国子女や留学経験者が多い大学や学部に身を置いていると、「海外に行くこと」が何も特別なことではなくなる。

そして大学時代に形成されたネットワークは、就職後もそのまま引き継がれることになる。「いい大学」ほど、有名企業の役員や海外における潤沢なコネクションを持つ実業家の子弟たちが集まりやすい。

仕事と勉強は似ている

勉強ができるからって仕事ができるわけではない。だけど仕事ができる人というのは、実は勉強もできていた場合が多い。

現在の教育制度は、確かに今の社会にキャッチアップできているとは言えない。だけど、学校で習うことと、社会で必要なことはまったく無関係であるとも言えない。

文章を読む。計算をする。人名を記憶する。複数の資料からデータを読み取る。

こういった「勉強」の基本は、どれもビジネスにおいても欠かせないスキルだ。資料が読めない人は話にならないし、数字に弱い人のプレゼンは説得力がないし、人の名前を覚えられない人は信頼を得にくい。

また「乗り気ではないことを継続できる力」も学校の成績は担保する。多感な思春期につまらない勉強に集中できたというのは、自制心を測るバロメーターになる。

仕事というのは、その多くがつまらなくて退屈なものだ。

好きでもない上司の話を聞く。細かい数字とにらめっこして資料を作る。膨大な量のメールを丁寧に返す。そんな日々のルーチンワークを楽しめるかどうかという技術は、英単語や歴史用語をひたすら覚えるという作業に似ている。

成績の良さというのは、ビジネスにおいて非常に重要な「要領の良さ」を測ることもできる。必要最低限の労力で、いかに最高の結果を出すことができるのか。テストに出そうなポイントに山を掛けたり、汎用性《はんよう》の高い公式を身につけたりといったテクニックは、大人になってからも役に立つ。

本書の前半で登場した起業家たちが持つ「専門性」も、「勉強」によって習得されたものばかりである。本人たちは趣味だと思い込んでいるから、それを「勉強」だとは考えないだろうが、プログラミングの本を何時間も読み続ける（第一章）なんてことは、「勉強」以外の何物でもない。

僕はこれまで世間で「天才」と呼ばれている人に何度か会ってきたが、まったくの努力なしで「天才」になれた人を、一人も知らない。みんな暇があれば本を読んだり、同業者と最新情報を交換しあったり、飽きもせずに「勉強」をしている。

誰もが努力できるわけじゃない

いくら「勉強」が大事だといっても、誰もが「勉強」に打ち込めるわけではない。教育社会学者の苅谷《かりや》剛彦《たけひこ》による『階層化日本と教育危機』（有信堂高文社）という本は、あの内田樹をも驚かせた。苅谷はまず社会階層が上位の子どもほど授業の理解度が高いことを明らかにする。まあ、ここまでは予想通りだ。

苅谷の研究が波紋を呼んだのは、ただの学校の成績ではなくて、「努力をする能力」にも出身階層による差があることを統計的に明らかにした点だ。

学習意欲が高い社会階層上位層と違って、社会階層下位層では「努力」からの撤退が起こっている。彼らは学校で学ぶ意義を見つけられず、あくせく勉強することに価値を感じていないというのだ。

その代わりに、下位層の子どもたちは、将来ではなく現在の生活を楽しもうとする。彼らは「いい学校、いい会社」というレースから降りてしまうことで自尊心を高める。メリトクラシーの外側で「自分探し」に奔走するようになるのだ。

また、学力下位層ほど起業に対して肯定的で、仕事に対する態度も安定志向ではなく「夢追い型」であるというデータもある。努力ができて、勉強のできる若者は、起業ではなくて、今でも「いい学校、いい会社」というルートを選んでいることが示唆される（荒川葉『「夢追い」型進路形成の功罪』東信堂）。

つまり「学校の勉強なんて意味がない」「学歴よりも実力主義の時代だ」という勇ましいメッセージを真《ま》に受けるのは、社会階層下位層が多いということだ。

確かに現代社会のセレブリティたちは、メリトクラシーの外側から生まれることが多い。「どこにでもいる普通の子」が、ある日脚光を浴びて誰もが知るようなスターになる。それは、二宮金次郎（一七八七年、相模国、最近銅像の撤去が相次ぐ）のような「努力」によって達成される成功物語とはまるで違う。

「どこにでもいる普通の子」は、社会階層が下の人々から疎《うと》まれることもない。なぜなら、彼らは学歴エリートと違って、自分と近い存在に思えるからだ。

起業家が注目される理由も同じだ。大企業の社長という地位は、「いい大学」を出て、長い間企業に忠誠を尽くし、社内政治に勝ち抜かないと手にすることができない。だけど、起業家ならば、もしかしたらアイディアだけで、もしかしたら偶然の出会いだけで、もしかしたらやる気だけで、巨額の富を手にすることができるかも知れない。だから、学力下位層を中心として、「成功」を求めて、起業家を目指そうとする人が出現するのだ。

3　希望の起業家たち

医者や弁護士という「起業家」

学歴なんて関係なしに、本人の「実力」だけで起業家として成功、多くの富を手にしたと豪語する人たちもいる。だけど、統計的に見れば起業家になりやすいのは高学歴の人だ。

ETIC.《エティック》という起業家になりたい若者たちを応援するＮＰＯがある。若者たちは人脈も資本も経験も相対的に少ないという点で、本来は起業するのに不利な存在だ。そこで資金援助やアドバイス、ネットワーク形成などを通じてETIC.は起業を希望する若者たちを支援する。

彼らはこれまでに数多くの起業家を輩出している。ＮＰＯフローレンスの駒崎弘樹（一九七九年、東京都、いつも暑苦しい）やＮＰＯカタリバの今村久美（一九七九年、岐阜県、夫がいつも怯《おび》えている）もETIC.のプログラムの参加者だ。

ETIC.によるスタートアッププログラムに参加した人の属性を見ると、高学歴者が多い。二〇一一年度「ソーシャルベンチャー・スタートアップマーケット」に選抜された九五名の属性を見てみると、高卒・短大・専門学校卒が六％なのに対して、大学学部卒が五三％、大学修士以上が三六％もいる。また起業前に外資系企業や大手企業に勤めていたエリートもたくさんいる。

経済産業省が実施した調査でも、起業家を包括的に対象にした調査でも大卒以上で起業した人のほうが、起業後に成功しやすいことがわかっている。

皮肉なのは、学歴レースのトップに位置する「医師」や「弁護士」になることが、最も起業のしやすい方法の一つということだ。

かつてより新規開業のハードルは上がっているとはいえ、「医師」や「弁護士」が自分の医院や事務所を持つことは、少しも珍しいことではない。少なくとも複数の職場を掛け持ちして、フリーランス的に働く医師や弁護士は多く存在する。

しかし、「起業家になりたい」といって医師や弁護士を目指す人は少ない。それは、医師が「起業家」という言葉のイメージと重なりにくいことに加えて、誰もが医者になれるわけではないことを、みんな知っているからだろう。

ギルド型専門職と非資格型専門職

高度な専門性を持っているかどうか、就業構造が固定的か流動的かで「働き方」を分けると【図2】のような四類型ができ上がる。

学歴や国家資格が必要とされることが多い「正社員」や「ギルド型専門職」になるのとは違って、「非資格型専門職」は公式にはそのどちらも必要とはされない。だから「フリーター」と「非資格型専門職」は、ともに企業社会に属していないという点で働き方自体には親和性が高い。

日本には医者や弁護士に限らず、公認会計士、美容師など国家資格が必要な職業がいくつか存在する。そのような「ギルド型専門職」の中でも、最もなることが難しいのが医者と法曹だろう。特に、学校を一度卒業してしまった大人が目指すのには、あまりにもハードルが高い。

医師免許や薬剤師免許を取得するためには六年間医学部や薬学部に通わないといけないし、弁護士や裁判官といった法曹系専門職になるためには法科大学院課程を修了する必要がある。こうした最も学歴に守られている職業が、実は最も起業しやすい事業分野であるのだ。

だが一方で、この本で取り上げてきた人物を含め、メディアを賑わせる起業家たちは、普通、何ら特別な国家資格を持っているわけではない。「プログラミング能力」とか「ネットワーキング能力」とか、彼らに何らかの「専門性」があることは疑いようがないけれど、それは医師免許のような、公的な資格で担保されるものではない。

そんな「非資格型専門職」は、憧れの宛先になりやすい。たとえ学歴がなくても、たとえ資格がなくても、たとえお金がなくても、その世界に自分が入れてしまうような気がしてしまうからだ。

だけど実際に「非資格型専門職」として成功する可能性は決して高くない。確かにそれは弁護士や医師と違って、目に見える形で職業に就くことが制限はされていない。しかし、実際には一部の大学でしか身につけられないような「専門性」や、子どもの頃からの成育環境で身についてしまう「文化資本」が、その世界で成功するためには大切だからだ(第四章)。

「非資格型専門職」と「フリーター」の境界線は曖昧だ。第一章でも触れたように「やりたいこと」や「好きなこと」を仕事にしたいという点で、起業家とフリーターのメンタリティに大きな違いはない。「毎日、同じことを朝から晩まで繰り返すのは嫌だ」「やりたいことがたくさんある」といった言葉は、起業家からもよく聞くし、フリーターからもよく聞く。

ポスト工業化社会では、必然的に「起業家」と「フリーター」の働き方やメンタリティが似てしまうのだ。

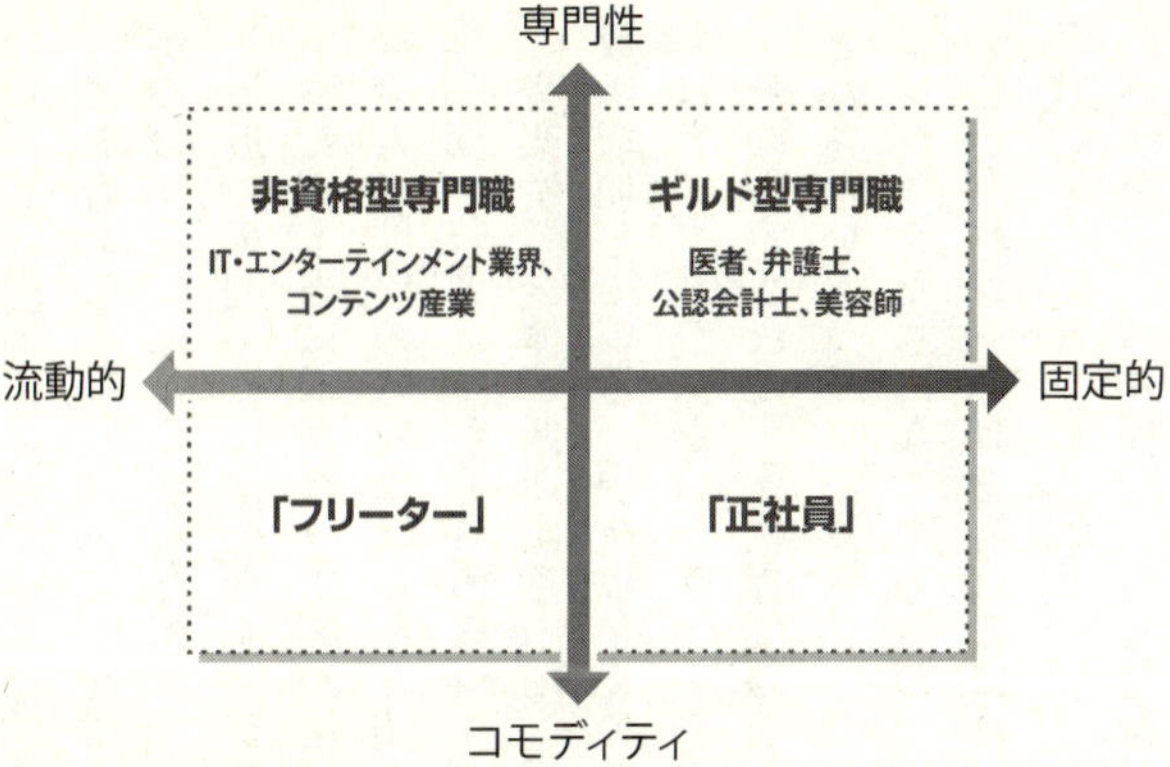

【図2】働き方の4類型

両者を分けるのは、それにお金を払いたくなるような人がいる「専門性」を持っているかどうかの違いだ。働き方というスタイルの違いではない。それにもかかわらず、「意識」さえ変えれば、誰もが「非資格型専門職」になれるかのように、人々は煽《あお》られてしまうのだ。

アーティストはつらいよ

現代が「名門大学に入れば安心」「大企業に勤めれば安泰」という時代ではない、ということは確かだ。だけど、それは「名門大学に入らないほうが有利」「大企業に入らないほうが有利」ということを意味しない。

「いい学校、いい会社」ルート以外で「成功」する道は、結局のところ非常に限られている。「非資格型専門職」で大成することはすごく難しい。

それなのに、夢見る人に、更なる夢を見せてくれる産業（昔の言葉で搾取という）がこの社会にはたくさん存在している。

最近の専門学校には漫画家、ゲームクリエーター、ダンサー、声優、俳優の養成といった、本当に様々なコースが用意されている。しかし専門学校を卒業した有名漫画家や人気俳優の名前はほとんど聞くことがない。

一部の若者たちが憧れるミュージシャンたちの世界も大変だ。

音楽産業全体が低迷する中で、東京都や大阪府など大都市を中心にライブハウスの数が増加している。現在は多くのライブハウスがノルマ制を導入していて、出演者たちはライブハウスからチケットの買い取りを強《し》いられる。

その指定された二〇枚程度のチケットを売れないと、出演者たちは自腹を切らないとならない。ライブハウスにとって、顧客がステージを見に来る観客ではなく、ミュージシャンたちになっているのだ。

しかもバンド活動を続けるには、機材の維持費やスタジオ代などがかかる。ある二〇代のバンドマンは「お笑い芸人なら貧乏をネタにできるけど、僕らはそういうわけにいかない。ある程度、格好付けなくちゃいけないから」とこぼす。

だけど、ライブを繰り返しても成功するようなバンドは本当に一握りだ。メジャーレーベルと契約すれば数百万円程度の契約金は手に入るが、コンスタントにヒットを飛ばすことは難しい。多くのミュージシャンたちはアルバイトで生活費を稼ぎながら、つつましい生活を送っている。

朝井、会社やめないってよ

小説家の世界も厳しい。東野圭吾（一九五八年、大阪府）や宮部みゆき（一九六〇年、東京都）のように本を出せばだいたいヒットする作家もいるが、日本では小説だけでも年間約一万点の新刊が発行されている。だが、その多くの初版部数は数千部程度だ。そのうち一〇万部以上売れる小説というのは、数十冊程度だろう。

しかも印税率は一〇％程度だから、一五〇〇円の本が一〇万部売れても、著者が手にする金額は一五〇〇万円。大手出版社のできる中堅編集者の年収とそこまで変わりがない。編集者と同じくらいの収入を手にするために小説家は、数百分の一の賭けに毎年当たり続けないとならないのだ。

ミリオンセラーを出せば一億円以上の金額を手にすることができるが、二〇一三年に発表された小説で一〇〇万部を突破した作品は『色彩を持たない多崎つくると、彼の巡礼の年』や文庫版の『永遠の0《ゼロ》』くらいだ。ヒット作になれば映画化などで副収入も増えるだろうが、これは宝くじで一等が当たる確率とあまり変わらない。

朝井リョウ（一九八九年、岐阜県、謙虚すぎて逆に面倒くさい）は、早稲田大学在学中に『桐島、部活やめるってよ』で小説すばる新人賞を取ってデビューした。同書は映画化もされ、文庫版を含めて六〇万部のヒットを飛ばし、その後もコンスタントに作品を発表し続けたが、朝井は二〇一二年春に大手企業へ就職した。

原稿料だけでこれからも食べていけるとは思えず、早い時期から就活をすることは決めていたという。新人賞には本名で作品を応募していたのに、就職活動があるからという理由で、デビュー時にペンネームにしたくらいだ。

おそらく朝井の選んだ道は、とても正しい。企業に勤めながらも作家を辞めるわけではない。もし大ベストセラーを出したら「朝井、会社やめるってよ」と後ろ指を指されながら、専業作家になればいい。

朝井に限らず、兼業作家は多い。リスクヘッジできるという点で、「非資格型専門職」に就くにも、「いい学校、いい会社」というルートを確保しておいたほうが、はるかに有利なのだ。

夢を追うことに疲れても

学歴も資格もない人が立身出世しようと思った場合、実はその選択肢は非常に限られている。ある程度の元手がある場合は、株やFX、それもない場合はフルコミッションの営業、ネットワークビジネス、情報起業家あたりに落ち着くことが多い。

一時期は、インターネットを利用した情報起業家やアフィリエイトビジネスで一攫《いっかく》千金《せんきん》が夢見られた時期もあった。自分の成功談などの情報商材をネット経由で売るだけだから、元手もほぼかからない。実際にはなかなかビッグビジネスにはならないし、細かな営業努力が必要だが、ある程度以上の金額を稼ぐことも可能だった。

しかし最近では、グーグルが情報起業家のサイトを広告審査から落とすようになったため、状況が変わってきている。また、アフィリエイトサイトも検索結果の上位に出にくくなった。どちらにしても「楽して稼ぐ」にはほど遠い状況だ。

今でもスマホアプリをリリースしてヒットを目指すとかは可能だが、それにしても一定以上の技術力が必要だ。それでも大金を稼ぐことは難しい。IT業界自体も大企業を中心とする体制が築かれ、その仕組みはゼネコンとも大きく変わらない。

いくら「やる気」があったところで、この国の上昇ルートは非常に限られたものになってしまったのだ。

しかもサラリーマンとして出世する「主ルート」は、どんどん細く、そして魅力の薄いものになっている。その代わりに「主ルート」の外側には、一見するとキラキラした世界が広がっている。だけど実際に「いい学校、いい会社」ルートの外側で立身出世するのはとても難しい。

流動性の高い業界ほど、人は過去の実績で判断される。実績を積むには、優良企業に属していたほうがいい。そして優良企業に入るには学歴があったほうがいい。その裏側には、文化資本や出身階層といったトランポリンが隠れている。

「非資格型専門職」と「フリーター」の境界線はすごく曖昧に見えて、実はそこには「見えない天井」があるのだ。だけど、「フリーター」から「非資格型専門職」への移行の難しさは、「個人の努力」の問題として片付けられてしまう。

しかも「フリーター」自身も、それを「努力」の問題だと受け入れてしまう。何と言っても、気分はプロなのだから。

あきらめた後に見える風景

現代は「自称プロ」になりやすい時代だ。たとえば「イラストレーター」になりたければ、フェイスブックの職業欄にそう書くだけでいい。インターネット上にも無数の発表の場がある。それだけで食べていくのは難しいだろうが、数千円レベルの細かい仕事を見つけるのは難しいことじゃない。

だから本当は、現代日本では「夢を追うこと」と「夢をあきらめること」の境界線自体が曖昧なのだ。村上隆（一九六二年、東京都）レベルの画家にはなれなくても、ネットで作品を売ったり、雑誌に細かいイラストを描くくらいのポジションなら、意外と誰でもなれてしまう。

都内にある渋家《シブハウス》というシェアハウスの家賃は月三万円。「ここに来るとみんな正社員を辞めていく」と住民の齋藤桂太（一九八七年、東京都、髪型が特徴的）は語る。渋家では生活費を節約すれば、一ヵ月に五万円で暮らせてしまう。つまり、フルタイムで働かずとも、月に数日バイトをするだけで、あとは好きなことをして暮らしてしまえるのだ。

渋家には多くの「画家」や「詩人」が住んでいる。彼らは「絵」や「詩」で何百万も稼ぐわけではない。暮らしていくための最低限のお金だけバイトで稼いで、「絵」や「詩」は数千円にでもなれば万々歳だ。

昔だったら、そんな若者に対して「夢なんてバカなことを言ってないで、はやく現実を見つめなさい」とでも言っておけばよかっただろう。だけど、現実を見つめたところで、そこに広がるのは、ただひたすらに退屈な日々だ（橘玲『残酷な世界で生き延びるたったひとつの方法』幻冬舎）。

学歴も職歴も資格もない人が就ける仕事は限られている。もちろん職歴のない人を受け入れる中小企業や、行政による雇用支援も始まっているが、そんな風にして就ける仕事というのは歌手や画家に比べれば、はるかにつまらないものだろう。少なくとも、そう見えてしまう。

だけど、夢をあきらめないでいる限り、自称プロでいる限り、そんな現実を見ないで済む。しかも、友人とシェアハウスをしたり、親と一緒に暮らしたりすれば、それほどお金をかけずに、そこそこの暮らしができてしまう。

先行世代が築いた豊かさの中で、夢をあきらめきるわけでもなく、かといって本気で夢を追うわけでもなく、「このままでいいのかな」という閉塞感を抱えながら、若者たちの日々は過ぎていく。

第六章　僕たちの前途

起業家たちを描く本も、ついに最後の章になった。ここでは、少し未来の話をしてみよう。「僕たち」がこれから生きていくだろう数十年間の世界はどうなっていくんだろうか。そんな世界で、僕たちはこれからどうやって働いていけばいいのだろうか。僕たちの前途が、どうなっていくのかを考えた。

1　新しい中世の戦士たち

二〇二五年、日本から若者が消える？

希望学の創始者・玄田有史《げんだゆうじ》（一九六四年、島根県、携帯電話を持たない）は二〇二五年の日本を予測して、「若者が日本を捨てる」「男性受難の時代」「郊外の崩壊」をキーワードとして挙げる（「フロンティア分科会・幸福のフロンティア部会」二〇一二年三月二三日）。

高度成長期に地方が経験したように、若者たちが海外へ出て行く。製造業や建設業など「男の仕事」がダメになる一方で、介護や医療など「女の仕事」はますます必要とされる。地方が今以上に過疎化して、コンパクト・シティ化が進む。それが玄田の皮肉まじりに描く二〇二五年の未来予想図だ。

その時の日本の経済状況によるが、若者の就労パターンは確かに今後、ますます多様化しているだろう。特に、「よりマシな仕事」を求めて国外で働く若者が増えても不思議はない。

フジテレビ系で放送されたドキュメンタリー番組「サヨナラニッポン」（二〇一二

年八月二二日放送）では、就職難の日本を離れて中国の大連で働く若者たちの様子がスケッチされていた。彼らの給与は日本円で一〇万円以下。それでも日本よりも、経済成長のただ中にある中国を「マシ」と語る。

ただし、日本語話者は二〇五〇年頃までは一億人を切ることはないから、日本（語）人向けのサービスには需要があり続ける。本格的な移民開国に踏み切らない限り、二〇二五年になっても若者は安価な労働力として活躍しているという状況は十分に考えられる。

日本市場の特殊性は「日本語によってビジネスが行われている」という点にある。スペインで職にあぶれた若者はブラジルに行くという選択肢もあるが、日本語だけで通用する国は残念ながら日本しかない。

逆にいえば、外国語話者にとって、日本で働くには日本語というハードルをクリアしなければならず、それが日本人の雇用を守っているという面もある。

一方で、そういった同質性の高い日本市場はコモディティ化が進み、価格競争のできる大企業が有利になりやすい。起業のチャンスを求めて海外を目指す日本人は増えるだろう。

飲食店を開くにしても、日本の都市部ではすでに過当競争が起こっていて、個人資本の店が成功するのは難しい。もしもこれからラーメン屋を出すなら、ラーメンブームが起きていて、「本場の味」に対する需要が高まる香港で出店したほうがいいかも知れない。

サービス産業が発展途上の新興国ならば、日本では当たり前のビジネスを横展開しただけで、そこそこの成功を収めてしまうこともある。たとえば、ある駐在員の妻が、シンガポールでまつげエクステのサロンを趣味で始めたところ事業が本格化、今では予約の取れない人気店になっているという(『COURRiER Japon』二〇一二年一〇月号)。

さらにこれからは「インドネシアへの集団就職」といった形で日本人ブルーカラーが海外で働くこともあり得るだろう。新興国の日本人村ではパチンコやファストフードに行列ができているかもしれない。

ビジネスから国境が消えていく

今後、仕事から国境はどんどん消えていくだろう。

もちろん、いくら労働力が安いといっても、ムンバイに住む土木作業員は東京スカイツリーを作れないし、南京で暮らすウェイターは品川駅のスタバでは働けない。

しかし今や、部品の組み立てといった単純労働のみならず、コールセンターなどのサービス業務はもちろん、高度な専門職による知識労働さえも海外にアウトソーシングされつつある。

インドのテレラジオロジー・ソリューションズという企業では、世界各国から送られてきたX線写真に対して、放射線医が診断を下すというサービスを提供している。欧米から毎日約一五〇〇件の依頼があるといい、アメリカ企業に依頼するよりも約三分の一のコストで済むというのが強みだ（「インド『頭脳外注』」『朝日新聞GLOBE』二〇〇九年二月一六日）。

また、海外で日本のために働く日本人も増えている。マスターピース・グループでは、タイや北京などにコールセンター事務所を置くが、現地で働くオペレーターは日本人。現地水準の賃金で日本人が働いてくれるので、コストを安く抑えられるという仕組みだ。同社の採用サイトを見ると「二〇一二年七月より給与改定！」の「バンコク正社員コース」で初任給は月給三万バーツ、約七万五〇〇〇円である。

今まで日本企業は護送船団方式に守られる一方で、自身も福祉提供者としての役割を果たしてきた。だから「日本人の雇用確保」を理由に本格的な海外移転に踏み切らない企業も多い。

初芝電器（当時）の取締役だった島耕作は二〇〇二年の段階で、家電をもはや日本国内で生産するメリットはないと発言していたが、初芝のモデルであるパナソニックはプラズマテレビの国内生産を二〇一三年まで続けていた。他にもトヨタなど国内生産率を高く保とうとする企業が少なくない。なんて立派な社会的企業なんだ。

もちろん、ただ流行に乗って海外進出をすればいいというわけではない。海外に工場を設けるも、早々と完全現地化をしてしまったため、品質低下や情報流出に苦しんでいる企業は多い。中国での反日デモのようなリスクもある。慣れない海外勤務を命じられた従業員たちのメンタルヘルスも大きな問題になっている。みんなが島耕作みたいにうまくいくわけではない。

無口な男たちの時代の終わり

産業構造はどうだろうか。この十数年で対人折衝を必要とするサービス業などの就労人口は増加しているものの、建設業や製造業などの「男の仕事」は急激に減少している（海老原嗣生『就職、絶望期』扶桑社新書）。

そもそも日本が「ものづくりの国」でいられたのは、冷戦の影響が大きい。東側陣営の中国はまだ世界市場に参入していなかったし、韓国や東南アジアの親米独裁政権の国は政情が不安定だった。つまり、日本以外に取るに足る「世界の工場」がなかったのである。

国内工場の新規立地件数と面積はバブル崩壊後、大きく減り続けている。一九八九年には国内に新規工場が四七二五件建てられていたが、二〇一〇年には八六七件にまで落ち込んでいる（経済産業省「工場立地動向調査」）。経済産業省の産業構造審議会の試算によれば、二〇二〇年までに国内で四七六万人の雇用が失われる可能性がある。特に製造業だけでも三〇一万人の雇用減少の恐れがあるという。

ただし、日本の製造業がすべて消えてしまうわけではないだろう。海外に進出している日本の工場はなるべく現地で部品を調達したいはずだが、最も現地調達が進んでいる自動車産業でもその数値は約七〇％。日本企業でしか作れない、モジュール化や標準化に適さない「すり合わせ」型プロダクツはまだまだ多い（中沢孝夫『グローバル化と中小企業』筑摩書房）。

また、景気動向や為替状況に合わせた工場のUターン現象が起こることもある。こういった「リショアリング」は雇用創出という文脈で、今後も政策的に誘導されることはあり得るだろう。

さらに太陽光発電のための施設拡大もあり、国内工場の新規立地件数は二〇一三年には一八七三件まで持ち直している（ただし電気業を除いた工場立地件数、工場立地面積は減少傾向にある）。

今、製造業はサービス産業の一部門として再編成されつつある。たとえばアマゾンはキンドルという電子ブックリーダーを、グーグルは自社販売のスマートフォンとしてネクサスを、といったようにIT企業たちが自社ハード製品を続々と発売している。日本の家電メーカーがそういったサービス提供者になれるのか、それとも巨大IT企業の下請けになるか、どちらにもなれないかは、まだわからない。

産業空洞化の進展具合にもよるが、地方の崩壊は少なくとも物理的にはあり得る。高度成長期に整備された日本中のインフラの整備がままならなくなっているからだ。四〇年から五〇年の耐用年数を経て、一斉に老朽化が進むインフラ。その維持・更新に必要な費用は今後五〇年間で毎年八・一兆円、総額三三〇兆円を超えるという試算もある（根本祐二『朽ちるインフラ』日本経済新聞出版社）。

人口ボーナスの終わり

未来予測は難しい。だけど、未来を考える上で、最もシンプルで説明力があるのは人口動態に注目してみることだ。人口予測は相対的に不確実性が少なく、変化が緩やかである一方、人口構造は経済成長や社会保障制度に決定的な影響力を持つからだ。特に世界の「人口ボーナス」期を眺めると、これからの世界で起こることの何割かは予測できる【図3】。

よく人口減少の是非が議論されるが、未来を考える時には総人口の増減自体よりも、人口ボーナスを見たほうがはるかに有益だ。

人口ボーナスというのは、生産年齢人口（一五〜六四歳）が増え、従属人口（一四歳以下の年少人口と六五歳以上の老年人口）が減少した状態を指す。

要するに、元気な働き手が多く、子どもや高齢者が相対的に少ない時期のことで、日本では一九五五年から一九九〇年くらいまでがこの人口ボーナス期にあたる。ほら、わかりやすく経済成長期と一致するでしょ？

「ボーナス」というのは「思いがけない贈り物」という意味だ。つまり、人口ボーナスというのは、あらゆる社会に一度だけ訪れる、経済成長にぴったりの奇跡のような期間のことだ。高齢者が少ないので社会保障費が安くて済むし、子どもも多くないので教育費はかからない。一方で、労働力を潤沢に使うことができるし、現役世代の消費と税収にも期待できる。

ただし雇用が創出できずに、せっかくの人口ボーナスを無駄にしているインドネシ

GDP順位	国または地域	1950年	1955年	1960年	1965年	1970年	1975年	1980年	1985年	1990年	1995年	2000年	2005年	2010年	2015年	2020年	2025年	2030年	2035年	2040年	2045年	2050年	2011年以降2050年までの人口ボーナス期間(年)
1	米国																						0
2	中国																						5
3	日本																						0
4	ドイツ																						0
5	フランス																						0
6	英国																						0
7	ブラジル																						10
8	イタリア																						0
9	インド																						30
10	カナダ																						0
11	ロシア																						0
12	スペイン																						0
13	オーストラリア																						0
14	メキシコ																						20
15	韓国																						0
16	オランダ																						0
17	トルコ																						15
18	インドネシア																						15
19	スイス																						0
20	ポーランド																						0
21	ベルギー																						0
22	スウェーデン																						0
23	サウジアラビア																						25
24	台湾																						5
25	ノルウェー																						0
26	イラン																						20
27	オーストリア																						0
28	アルゼンチン																						25
29	南アフリカ																						35
30	タイ																						5
31	デンマーク																						0
32	ギリシャ																						0
33	アラブ首長国連邦																						5
34	ベネズエラ																						20
35	コロンビア																						15
36	フィンランド																						0
37	マレーシア																						10
38	ポルトガル																						0
39	香港																						0
40	シンガポール																						5
41	エジプト																						30
42	イスラエル																						25
43	アイルランド																						0
44	チリ																						5
45	ナイジェリア																						40
46	フィリピン																						40
47	チェコ																						0
48	パキスタン																						35
49	ルーマニア																						0
50	アルジェリア																						25

【図3】GDP上位50ヵ国の人口ボーナス期一覧（「『人口』を見れば世界が読める」『週刊ダイヤモンド』2011年12月3日）

アやフィリピンなどの国もある。ボーナスを活用するには雇用吸収率の高い製造業などを整備し、教育水準を上げ労働力の質を高めていくことが必要なのだ。

日本企業とも関係の深い東アジアの国々は、今この人口ボーナス期のただ中にある。というか、ＢＲＩＣｓなどビジネス書が「次の経済の中心はここだ！」と大騒ぎしている国は、たいていは絶賛人口ボーナス期間中である。

しかし今後、アジアの高齢化は日本以上のスピードで進んでいくことが予想されている（大泉啓一郎『老いてゆくアジア』中公新書）。高齢化率（六五歳以上の高齢者人口が総人口に占める割合）が七％の「高齢化社会」から、一四％の「高齢社会」になる期間が、アジアはとにかく短い。

フランスでは一一五年、イギリスでは四七年、ドイツでは四〇年かかったこの期間が、日本ではわずか二四年だった。それが中国では二三年、インドでは二二年、フィリピンでは一八年、韓国では一七年で高齢化社会から高齢社会へ移行してしまう。

中国や台湾、ベトナムは二〇一五年、マレーシアでは二〇二〇年、インドネシアでも二〇二五年までに人口ボーナス期を終えてしまう。

人口ボーナス期が終わると、今度は「人口オーナス」期が始まる。「オーナス」というのは「負担」という意味だ。働き手が減ることによって賃金が上昇し、安価な労働力が供給できなくなる状態だ。また高齢化によって社会保障費が上昇し、若年層の負担が重くなる。

理論上はその克服も可能だ。人口ボーナス期が終わるまでに労働力人口を確保し、国内貯蓄率を高め、労働生産性を上げておけばいい。

つまり、女性や高齢者を含めた「みんなが働ける社会」を整備し、金融システムを整備し、付加価値の高い産業構造への転換を図っておく必要がある。

しかし、東アジアの国々はこの人口オーナスに苦しめられることになるのは確実だ。いち早く人口オーナス期に突入した日本は、順調に高額の社会保障費と低出生率に悩まされている。

特に日本に関しては、経済的に体力のあった一九八〇年代に高齢化社会や低成長に備えた社会保障を整備すべきだったという意見もある。

もっとも高齢化に起因する社会保障費の増大や経常収支赤字というのは日本固有の問題というよりも、これから多くの国が直面していく問題なのである。

アジアの経済成長は「雁行《がんこう》型発展」と呼ばれ、日本を先頭にNIES、中国、ASEAN4が続いて経済発展をしてきた。後発国ほど先進国の技術をパクることができるので、急速に工業化を進めることが可能になったのだ。

しかしこれからは「雁行型発展」の人口減少バージョンが起こる。遅れて高齢化が進む国は先進国の経験、医療・年金制度をマネすることができるが、十分な経済発展をしないまま高齢・人口減少社会に突入するとなると、経済へのインパクトは日本よりも大きくなるだろうと予測されている。大丈夫か、東アジア。

食糧危機と水不足、そして地球の終わり？

やばいのは東アジアだけではない。人口オーナスはどの先進国でも起こる。さらに世界規模で考えるならば、人口爆発による食糧危機、エネルギー危機が深刻だ。

もう少しだけ、未来の話を続けよう。

近代化した開発途上国は肉食中心の欧米型の食生活になっていく（ポール・ロバーツ『食の終焉』ダイヤモンド社）。肉を生産するためには大量の飼料を必要とするため、世界の食糧需要は爆発的に増える。しかし世界の適耕地はすでに農業用に利用してしまっている。もはや人類に残されたのは森林か痩せた土壌くらいで、とても集約農業には向かない。

農業は他のどの産業よりも水を必要とする。その水をどう確保するかはまだ答えが出ていない。農業だけではなく、あらゆる産業で水は必要だ。たとえば自動車一台を作るのには四〇万リットルの水が必要という。もはや地表に出ている淡水だけでは水の需要を賄《まかな》いきれず、地下水への依存が高まっているが、すでに北アフリカや中国では急速な地下水位の低下に悩まされている（モード・バーロウ、トニー・クラーク『「水」戦争の世紀』集英社新書）。

二〇五〇年には地球の人口は九二億人程度で落ち着くと言われている。しかし、地球上のすべての人がアメリカや日本のような先進国型ライフスタイルを送るとすれば、現在の一五〇〇億人分に相当する食糧やエネルギーなどが必要となるという（ローレンス・スミス『二〇五〇年の世界地図』NHK出版）。人口そのものというよりも、生活スタイルの先進国化という爆弾にどう対処していくのか、答えは見えない。

人口ボーナスを考えると、中長期的には中東やアフリカの時代が来るようにも思える。これから数十年のうちに、北半球の国々には老人が溢れ、南半球は若い世代で満ちるようになるだろう。それをポジティヴに考える研究者もいるが、政情が安定しない限り、人口が増えても失業者が増えるだけだ。

アフリカ諸国には世界有数の資源大国が多い。たとえばコンゴは豊富な天然資源を武器にアラブ並みのリッチな国となる可能性もあった。しかし、資源大国に目を付けた西欧諸国、多国籍企業が乗り込んで来てしまったせいで、今は終わりのない紛争のただ中にある。彼らは紛争を続かせることによって、戦争経済と資源の不法搾取で利潤を総取りしてしまうというスキームを作ってしまった（米川正子『世界最悪の紛争「コンゴ」』創成社新書）。

増えすぎた若者世代は、逆に社会にとっての脅威となることもあり得る。ユース・バルジ（若者急増）と呼ばれるように、中東やアフリカでは増えすぎた若者たちに、十分に社会が受け皿を提供できていない。そういった「居場所のない若者たち」の労働力が、テロや革命、内戦の温床になっている（グナル・ハインゾーン『自爆する若者たち』新潮選書）。

未来はこんなにも明るい

同時にもっと楽観的な未来予測もたくさん存在する。石油に代わるエネルギーが普及し、国際情勢が安定し、ＮＡＴＯは過去のものとなり、世界中の人々はより豊かな生活を送っているだろう、というように。だって僕たち人類はそうやって、いくつもの悲観論を克服してきたんじゃないか、と。

たしかに「経済成長の限界」論のパターンは昔から決まっていて、エネルギー資源の枯渇、人口動態、豊かさによる労働意欲の減退、戦争などがその理由とされてきた。たとえば一九世紀には鯨の脂が枯渇しつつあるから、欧米の都市は暗闇に閉ざされるだろうという予言がされたこともあった。

だが人類は歴史的に見れば、何らかの新技術の開発によって常にそれらを克服してきた(ウィリアム・バーンスタイン『「豊かさ」の誕生』日本経済新聞社)。

温暖化が人類にさらなる豊かさをもたらすという議論もある。特に北極海では夏の間、海氷が後退し、新しい航路が開拓されていると考えられている。サハラ以南での農業が壊滅する代わりに、グリーンランドなど北半球での作物生産量は確実に増加している。これからは北極圏の時代だというのだ。すごいな、北欧。

再生可能エネルギーへの移行も徐々に進んでいくだろう。当面の間、電気料金が上がることは避けられないが、化石燃料への輸入依存度が下がることは安全保障上も意味がある。またサハラ砂漠一帯で巨大太陽光発電所を設置し、ヨーロッパを再生可能エネルギーのネットワークで包み込んでしまうという「デザーテック構想」も計画されている。

アジアでも日本と東アジアをつなぐ「アジアスーパーグリッド構想」が存在する。対馬海峡や日本海に直流海底送電線を敷設《ふせつ》して、日本と韓国、さらにはロシア、モンゴルともネットワークを築き、電力融通を行おうとする夢のようなプロジェクトだ

（脇阪紀行『欧州のエネルギーシフト』岩波新書）。

夢のようなプロジェクトは夢のまま終わることも多いが、世界のエネルギー情勢を決定的に変えつつあるのがシェールガス革命だ。アメリカでは低コストで地層から天然ガスを採取することが可能になり、世界最大のエネルギー生産国になろうとしている。一時期は衰退が避けられないと思われていたアメリカが、再び覇権国として復活する目処《めど》が出てきた。

資本主義の終わり？

リーマンショックをきっかけに、「グローバル資本主義の終焉」や「経済成長の終わり」を唱える議論も目立った。

しかし、資本主義はフロンティアを求め続ける。世界を巻き込んだその動きは、そう簡単には止まりそうにない。

いくら評論家が「脱成長」や「脱資本主義」を叫んだところで、この地球にはまだフロンティアが残されている。「中核」を成立させるための「周辺」がある限り、このメカニズムは駆動し続けるだろう。

一つの有力な未来予測は、これから世界がますます「都市の時代」になっていくというものだ。人が都市に一極集中してくれたほうが、道路や水道というインフラも整備しやすいし、教育などの社会サービスが提供しやすい。何よりも人が集まる場所では商売が生まれやすい。多様な人々を包摂する都市の可能性には国連人口基金も期待する（『世界人口白書二〇〇七』）。

日本の場合も、「日本国」というユニットで未来を考えると、なかなか明るい将来を思い描けないが、「東京都」や「福岡県」という都市単位であれば、国際的な都市間競争で優位に立てる可能性は大いにある。

日本は何といっても約一億三〇〇〇万人の人口を抱える巨大国家だ。たとえば北海道だけでも五五〇〇万の人が住んでいるが、これはデンマークの人口とほぼ同程度である。道内総生産は約一九兆円で、デンマークのGDP三三〇〇億ドルには及ばないが、ニュージーランドやハンガリーを上回り、世界ランキングでもトップ五〇位台に入る（一ドル一〇〇円で計算）。地方分権が進むならば、実験的に「北海道」が北欧のような高度な「福祉道」になることもあるだろう。

事実、政府回りからは特区を巡る構想が相次いで発表されている。

二〇一四年、国主導の国家戦略特区に東京圏（都全体ではなく中心九区など）をはじめとした全国六地域が指定された。労働規制の緩和、公設民営学校の設置、医学部新設、農業における企業の新規参入の活性化などが目指される。

財政的に国土の「均衡ある発展」なんて追求できなくなる中で、地域単位での実験は今後ますます加速していくのだろう。都市間競争の一環として、アメリカのデラウエア州のように、国内に事実上のタックスヘイブンが生まれる可能性もある。そうして「富める地方」と「貧しい地方」の格差は露骨に明らかになっていくだろう。

世界が「都市の時代」になる一方で、ソマリアなどの無政府地帯が増えていくかも知れない。海賊が支配する無秩序領域というのは、『ONE PIECE』みたいで一見かっこいいが、意外と大変らしい。

警察や立法機関が存在しない無政府社会には、法律がない代わりに、エリアを支配している武装勢力ごとにルールが変わってしまう。そんな中、人々はメンツやコネに頼るか、さもなければ武力に訴えるしかなくなる。ソマリアでは、街の露店にあらゆる種類の銃が並び、若者たちは武装勢力の下で戦士になっていくのだという（白戸圭一『ルポ資源大国アフリカ』東洋経済新報社）。

新しい中世の海賊たち

そんなソマリアみたいな社会は極端かも知れないが、国家に代わってグローバル警備会社が幅を利かせている未来は十分に考えられる。そもそも第二次世界大戦以降、国家対国家の「大きな戦争」は減っていて、「低強度紛争」と呼ばれる「小さな戦争」が増えている。

「小さな戦争」ではゲリラ、爆弾テロ、襲撃、暗殺といった戦闘形態が主流になり、国家による正規軍では対応しきれなくなる。そのため、安全保障の担い手の株式会社化が進んできた（マーチン・ファン・クレフェルト『戦争の変遷』原書房）。

海賊がいるのは洋上だけではない。ハッカー集団「アノニマス」や、機密暴露ウェブサイト「ウィキリークス」のような、既存の社会をネット上から揺るがす「新しい海賊」の活動は今以上に活発になっているだろう。

ウィキリークスの創設者ジュリアン・アサンジ（一九七一年、豪クイーンズランド州）をアメリカが必死になって捕らえようとしたり、二〇〇一年のアメリカ同時多発テロの一つの幕引きがオサマ・ビン・ラディン（一九五七年、リヤド？）という個人の殺害だったことが記憶に新しい。もはや「国家」だけを見ていたら世界のことはわからない。

そのような時代を、政治学者たちは「新しい中世」と呼ぶ（田中明彦『新しい中世』日経ビジネス人文庫）。中世というのは、非国家主体とネットワークの時代だった。東インド会社、ロスチャイルド家、フリーメイソンなど国家以外の多様なアクターが、ネットワークで結ばれた相互依存的な関係にあった。

同様に、二一世紀も、国民国家以外の多様な主体が世界を動かしていく時代だ。アップルなどのグローバル企業、アルカイダなどのテロリスト、グリーンピースといったＮＧＯなど、有象無象《うぞうむぞう》の意思決定主体が登場する中で、国家はその中の一アクターに過ぎない。

世界中を自由に飛び回れるエリートにとっては国境の意味がますます希薄化し、同時に「地元」に住み続ける人々は国境の存在さえも意識しなくなる。そういった二つの意味で国家は相対化されていくのだろう。

「新しい中世」は、「能力」と「やる気」がある人にとっては、どこまでも自由な世界だ。本当の中世では、職業選択や帰属する共同体選択の自由はなかった。生まれ落ちた場所と身分に、死ぬまで滞在し続けるのが一般的だったからだ。自由に移動し、職業を変えられたのは一部の貴族と、「ノマド」、つまり社会から落ちこぼれた流浪人だけだった。今後、更なる階層の固定化が進んでいく可能性もあるが、今のところ社会はまだ流動的だ。

だが現代は、「能力」と「やる気」がないと見なされた人にとっては、とても窮屈な世界だ。しかも、窮屈なことにさえ気がつかない。新しい階級社会は、徐々に始まりつつある。

そんな時代に僕たちはどうやって働いていけばいいんだろうか。

2　失われていく国の中で

二〇五〇年の働き方

ある日、Gmailのメールボックスに「国家戦略会議の下に置かれる部会の委員就任のお願い」というメールが入っていた。都市工学者の大西隆（一九四八年、愛媛県、日本学術会議会長）を座長とする「フロンティア分科会」の下に設置される部会の委員になって欲しいという連絡だ。

何かの罠かと思いながら指定された日に内閣府まで行くと、きちんと会議は開かれていた。ミッションは「二〇五〇年の日本」を考えること。これから国際環境や社会環境が変わっていく中で、中長期的な国家の将来像を描くのが目的だという。

二〇一二年の初夏、僕が参加したこの部会での議論を元に、NHKスペシャル「日本新生」で二〇五〇年の働き方をプレゼンするという機会があった。キーワードは

「みんなが働ける社会」「多様な働き方ができる社会」「全員参加型社会」だ。わざわざ「二〇五〇年の一日」という再現ドラマまで作ってもらって、僕が提案したのは以下のような「働き方」だ。

「今まで企業が負担してきた福祉を国や地方自治体が担う。週休三日制や自宅勤務など、企業も社員が自由に働けるような人事制度を設ける。フレキシブルな勤務が可能になり、仕事の掛け持ちも当たり前になる。解雇が容易になる一方で、就労支援の責任を社会保障が受け持つ。

そうした中で、『夫が稼いで、妻は専業主婦で』といった昭和型の働き方が減っていく。一人が家計を支えるのではなくて、若者や女性、高齢者が、自分の生活に合わせて働いていく。そんな全員参加型の社会がこれからの日本には必要だ」

皮肉屋の僕が珍しくポジティヴなことを言ったつもりなのだけど、評判はあんまり良くなかった。ツイッターや2ｃｈ、ＮＨＫに寄せられた声を見聞きすると、「そんなエリートみたいな働き方が誰でもできるわけではない」「解雇が簡単な社会なんて嫌だ」「理想としてはいいが、財政負担をどうするのか」といった意見が多かった。

だけど「みんなが多様な働き方のできる社会」というのは、そんな突飛な提案ではない。ヨーロッパ諸国ではこの数十年間で当たり前になった働き方の形だし、日本でも一九九三年に発表された「平岩レポート」以来、定期的に提唱されてきた雇用のあり方だ。

北欧型新自由主義の時代

かつて、自由主義経済の支持者たちは「小さな政府」こそが経済成長を導くのだと主張してきた。しかし一九九〇年代以降、租税負担率の高い国であっても、高い経済成長率を記録するようになってきた。税金を上げれば経済成長をするというわけではないが、国富増大のために「大きな政府」か「小さな政府」、そのどちらがいいのかが一概に言えなくなってきたのだ。

また「大きな政府」と思われている国も、一九九〇年代以降は新自由主義的な政策を取り入れ、その姿を大きく変えてきた。たとえばスウェーデンでは法人税を一九九一年に五七%から三〇%に、さらに現在では二二%にまで引き下げ、企業の国際競争力を高めてきた。

同時にスウェーデンではフレキシブルな労働市場を構築するために、職業紹介事業を民間に開放し、派遣労働を解禁した。さらに失業保険のための財源が削減され、失業手当や疾病《しっぺい》手当の受給期間も制限されるようになった。

代わって導入されたのは積極的労働市場政策だ。職業訓練や教育プログラムを充実させて、失業者たちをただ福祉の対象にするのではなくて、労働市場の中に戻していこうというのだ。

二〇〇〇年代以降は、EUとしても失業率の低下ではなく、エンプロイヤビリティ（就業能力）の向上が政策目標とされるようになった。かつて「失業しても幸せな社会」と言われたヨーロッパは、「働かないと食べていけない社会」になりつつある。

このように、市場原理に忠実であると同時に、柔軟な社会保障を整備する仕組みを、社会学者の橋本努《つとむ》（一九六七年、東京都、声が宮台真司そっくり）は「北欧型新自由主義」と呼ぶ（『ロスト近代』弘文堂）。法人税は安く、リストラには寛容。企業は従業員を正社員として雇う必要はない。他方では、社会保障がトランポリンのように働けなくなった人を支える。

「新自由主義」的でありながらも、柔軟な形式での「福祉」を整備する仕組みは、最近では様々な立場の人が説くようになってきた。たとえば新自由主義の提唱者である八代尚宏《やしろなおひろ》（一九四六年、大阪府）と、北欧研究の第一人者・宮本太郎（一九五八年、東京都）の主義主張には重なるところも多い。一九九〇年代以降の「新しい福祉国家」と、「新自由主義」の重複するところを「北欧型新自由主義」と呼んでもいい。

そもそも新自由主義と福祉国家は原理としても相性がいい。グローバル化が進み、経済が国際競争の圧力に晒《さら》されるほどに、人々はセーフティネットの充実を政府に求めるようになる。事実、グローバル化が進むほどに、政府規模は大きくなるという研究もある（柴山桂太『静かなる大恐慌』集英社新書）。

しかし日本で「北欧型新自由主義」は理想としてはたびたび語られながらも、なかなか実現はしそうにない。たとえば租税負担率、公的失業訓練がGDPに占める割合など様々な指標で日本は北欧諸国どころか、アメリカの水準にも達していない。「会社」や「家族」があるからみんな気付かないだけで、日本の社会保障は、堂々の先進国最低水準なのだ。

日本の対GDP比で見た政府の総支出規模は約三五％、対労働力人口比率で見た公務員数は約五％、ともに世界最小クラスだ。それでも日本が巨額の財政赤字を抱えているということは、日本が「低受益、超低負担」の国であることを意味する。ただし、近年では高齢化に伴う医療・介護費用の上昇によって、低福祉国家とは言えなくなりつつある。

橋本努は、一人あたりのGDP、人間開発指数、国際競争力、少子化対応など多くの指数を整理しながら、「北欧を目指すならまずアメリカ並みに改善すべきだ」という逆説的な指摘をする。

中国化する日本？

現役世代が少なくなる高齢化社会では、社会保障の財源を所得税などの直接税から、消費税など間接税に移行させるのが一般的だ。所得税では働く人からしか税金が取れないが、消費税ならば退職した高齢者からも富の移転をさせることができる。

二〇一二年夏には「税と社会保障の一体改革」の一環として、消費税増税法案が国会を通過した。二〇一四年から消費税が八％に引き上げられ、二〇一五年からはさらに一〇％に引き上げられる予定だ。その政策理念には「北欧型新自由主義」の影響が垣間見える。

しかし「全世代のための社会保障」のために準備された消費増税だが、出産・子育て支援、女性の再就職支援など若い世代に向けた社会保障は、ほとんど充実していない。さらに、消費増税法案の三党合意後には「附則」が付け加えられ、消費税は公共事業に転用されてしまうかも知れない。「附則一八条」ではしれっと「事前防災及び減災等に資する分野」「経済成長に向けた施策」に消費税を使える可能性を残した。

また自民党は一〇年間で二〇〇兆円の公共事業を行う国土強靭《きょうじん》化計画を発表、二〇一三年度には国土強靭化基本法が成立した。公明党や民主党の部会も公共事業に関するプランを相次いで発表、懐かしい「土建政治」によって日本を復活させようとする人々がいる（最近は「リジリエンス・ジャパン」という謎のカタカナ愛称を普及させようとしている）。

さらに、二〇〇八年のリーマンショック、二〇一〇年の欧州債務危機以降は「北欧型新自由主義」を素朴に褒め讃えることも難しくなってきた。ヨーロッパの経済が荒れる中で、日本がモデルにできるような国がなくなりつつある。

そんな中、歴史学者の與那覇潤《よなはじゅん》（一九七九年、毒舌っぷりがかつての宮台真司を彷彿《ほうふつ》とさせる）は、日本が「中国化」していくという大胆な指摘をしている（『中国化する日本』文春文庫）。法の支配や基本的人権、議会制民主主義が欠如し、人々を相互不信と疑心暗鬼が支配するような状態が「中国化」だ。

與那覇は冗談まじりに、こんなシミュレーションをしてみる。

全国各地で「維新」が唱えられ、コストカッター市長が議会政治の弱体化と公務員待遇の切り下げをする。役所では副業が解禁され、役人たちは「役得」の追求に専念するようになる。もちろん、議員報酬や公務員給与を削ったくらいで、財政状況が改善されるわけではないから、日本がＩＭＦの管理下に入ることもあり得る。その結果、徹底した市場主義で自己責任の社会ができ上がる、というわけだ。與那覇のブラックジョークが冴《さ》える。

もっとも日本のＧＤＰ規模を考えると、現在のＩＭＦなんかでは到底救えはしない（土屋剛俊・森田長太郎『日本のソブリンリスク』東洋経済新報社）。ＧＤＰ規模がギリシャの二五倍ある日本は、たとえ破綻してもＩＭＦの資産規模ではどうにもならないのだ。ＩＭＦによる支援が検討される以前の段階で、国際金融市場がパニックに陥っている可能性が高い。

僕たちが暮らす自由格差社会

こんな話をしていると、もう僕たちには暗い未来しかない気もしてくるが、決してそんなことはない。

僕の友だちがアルゼンチンに行った時のことだ。その時、彼女はフリーターのような身分で、気ままに南米を旅していた。するとたまたま会った現地のエリートに怒られたという。「なんで定職にもついていない、あなたのような若者が世界中を旅できるの」と。

確かにほとんどの日本人は、世界的に見たらまだ「富裕層」だ。何の資格がない若者であっても、東京都のコンビニでアルバイトをすれば時給一〇〇〇円くらいにはなる。しかも日本国籍を持っている人は、一七〇もの国にビザなしで入国することができる（Henley & Partners「Visa Restriction Index 2013」）。

これはちっとも当たり前のことではない。たとえば中国国籍の人がビザなしで入国できる国は四四しかないし、中国では都市部でもサービス業の時給は三〇〇円くらいだ。彼らが「気ままに南米に行くこと」がいかに難しいかがわかるだろう。

日本国籍を持って生まれただけで、世界的に見たらとんでもないエリートなのだ。世界中の多くの人が、どんなに望んでも一生手に入れることができないようなメンバーズカードを、日本人たちは保有している（特にこんな文字ばかりの本を読んでくれる人は世界的に見たらとんでもないエリートに違いない。とリップサービス）。

かつての日本人たちと比べても、現代を生きる僕たちは信じられないくらいの「自由」を手にしている（小熊英二『社会を変えるには』講談社現代新書）。

ポスト工業化社会では、長期安定雇用は減って非正規の職は増え、働き方が多様になる。もちろん格差は広がるが、昭和時代には考えられなかったような、「自由」な生き方が許されるようになる。

社会から「男なら会社員、女なら専業主婦」といった規範が消えていくから、バイトをしながらミュージシャンを目指したり、ノマドワーカーを名乗りながらネットワークビジネスに励んだりすることができる。

また世界的な分業体制の中で、消費者はいいものを安く買うことができる。電化製品を買うにしても、音楽を聴くにしても、服を買うにしても、ほとんどのモノの値段は二〇年前、三〇年前とは比べられないほどに安くなった。世界中に広がった市場経済のおかげで、誰もが高性能のスマートフォンを持てるようになったのだ。

航空券も安くなった。日本でも相次いで就航したLCC（格安航空会社）を使えば、アジアの多くの都市に一万円程度で行くことができる。たとえば中国の春秋航空を使えば茨城空港から上海の浦東空港まで最安値が四〇〇〇円。購買力平価換算で中国の物価は日本の約三分の一だから、一万円のお小遣いが、一気に三倍になる。僕の友だちは日本よりも安いからってキャバクラにはまっていた。

僕たちは、冷静に考えると、意外と多くのものを手にしている。ほら、たとえば今すぐにベトナムで組み立てられたスマートフォンで旅の予定を立てて、中国製のスーツケースに、カンボジア製の服を詰め込んで、格安航空券を手に上海へ行ってもいい。

もちろん、そのまま海外から帰って来られなくなっても、それはその人の「自由」だ。海外で所持金ゼロの困窮状態に置かれて、日本に帰国できなくなる「困窮邦人」になってしまう可能性だってある。

僕たちは、「自由」の幅があまりにも広い、自由格差社会を生きている。それぞれが手にすることのできる「自由」は、その人が置かれている環境に依存する。それなのに、やむにやまれず手にしたものさえも、「自由」に選んだということにされる。そんな「自由」な社会だ。

残り時間はまだある

僕たちは今、かつての人が考えられなかったくらいの「自由」を手にしている。だけど、その「自由」も実は先行世代が残したインフラといった豊かさに支えられているものだ。僕たちが、いつまで「自由」でいられるかはわからない。

しかも、その不確かな「自由」と引き替えに、日本社会を支えていた「確かなもの」は徐々に失われつつある。

たとえば戦後長らく日本人男性たちの経済的基盤であり、承認の拠《よ》り所《どころ》でもあった「会社」は大きく姿を変えつつある。

日本航空、武富士、山一證券など、バブル崩壊後多くの大企業が倒産してきた。たとえば約四〇年前にリクルートが実施した文系大学生の人気企業ランキング上位二〇社のうち、現在も業績が好調な企業は約半数しかない。

また「家族」の姿も今後大きく変わっていくだろう。

日本は若年層に対する社会保障が極めて手薄な国だ。生活保護制度と失業保険があるくらいで、職業訓練や住居に関するセーフティネットはほぼ整備されていない。それでも今までなんとかなってきたのは、「家族」という福祉があったからだ。

たとえ若者自身の給与が安くても、実家に住んでいる限りは何とかなってしまうのだ。だけど、あと三〇年もすれば親たちは要介護状態を経て、この社会から退出していく。平均的な団塊世代の家庭の場合、介護費用を考えると遺産にはボロボロになった持ち家くらいしか残らないだろう。

日本の社会保障はこうやってずっと「会社」と「家族」が肩代わりしてきた。だけど今や、きちんとした「会社」に所属できる人はどんどん減り、「会社」自体が世界的な淘汰の中にある。「家族」は高齢化が進み、親たちに援助される側だった若者が、そのうち老いていく親たちを援助する側に回らざるを得なくなる。

もうむやみやたらに経済成長を目指さずに、「ほどほどに豊かな社会」を目指せばいいという議論もあるが、人口構造が劇的に変わっていく中で、日本が今と同水準の「豊かさ」を維持することは、とても難しい。

だけど今、この国はまだ過渡期だ。もちろん人はいつだって現代の変化が、かつて起こっている変化よりも大きいものだと思ってしまうものだ（ダン・ガードナー『専門家の予測はサルにも劣る』飛鳥新社）。それでも、たとえ主観的なものだとしても、変化をただ恐れるよりは、それを楽しんでしまったほうがいい。

「確かなもの」はまだ完全には失われずに、足下で僕たちを支えている。寄る辺《よべ》は、残されている。そして、世界が「新しい中世」へ移行しつつあるとはいえ、まだまだ僕たちは「自由」だ。

この「自由」が残されているうちに、できることはたくさんある。

そして、必要は発明を促す。どんな理想的に見える社会も、高邁《こうまい》な理想を追い求めてできあがったというよりは、現実的な必要性から様々な制度を整備させてきた。

たとえば男女平等の国として知られるノルウェーは、もともとは「主婦の国」と呼ばれるくらい専業主婦が多かった。保育園といった公的な育児サービスが充実したのは、労働力不足によって女性が働き始めてからだ。現実を後追いするように社会制度が変わっていったのだ。

きっと過度に悲観することはないのだろう。

次の節からは、誰かに雇われながらも自分たちで働く、「会社員と起業家の間」にいる若者たちの姿をスケッチして、この本を閉じることにしよう。

3　僕たちはどうやって働こう？

起業しなくてもビジネスは始められる

毎週末、東京の青山にある国連大学前には、「青山ファーマーズマーケット」が開かれている。ファーマーズマーケットというのは、複数の生産者農家が集まって直接自分たちの収穫物を販売する対話型市場のことだ。昔の言葉でいう「朝市」や「日曜市」に近い。

野菜だけではなく、お菓子やバッグが売られたり、キッチンカーも出店していて、まるでお祭りのような空間だ。二〇〇八年に始まった青山ファーマーズマーケットは、今では週末二日間で約三万人が訪れる青山の人気スポットになった。

その企画・運営をするのが田中佑資《ゆうすけ》（一九八五年、東京都、手相占いをしてもらったら「寝不足」と言われた）を中心とした男子野菜部というグループだ。彼らはベンチャー企業に所属しながら、ファーマーズマーケットの運営や、イベントのケータリング活動などをしている。

男子野菜部の活動は、企業側からの命令ではなく田中の個人的な発案から始まっている。田中は、早稲田大学在学中から農業に関心があり、「時間がゆっくり流れ、地に足の着いた生活」に憧れ、一時期は農家になろうと考えたこともあるという。

同時に彼は起業を考えるような「意識の高い学生」でもあった。在学中に先輩とベンチャーを立ち上げたこともあるし、ソウ・エクスペリエンスという体験型ギフトを提供するベンチャーでフルタイムで働いていたこともある。

そんな彼にとって、ビジネススキームに乗せる形で農業を考えるのは自然なことだった。そもそも、都会育ちの自分が農家になってもできることは限られてしまうだろう。だったら「農」を都市の中で試みてみようと思った。

そこで大学在学中に出会った黒崎輝男（一九四九年、東京都、「IDÉE」創業者）の会社に雇われるという形で、ファーマーズマーケットの事業を始めることになった。黒崎が田中の「ファーマーズマーケットを都心でしたい」という想いをくんだのだ。

現在は黒崎が社長を務める会社の社員という立場でありながら、NPOファーマーズマーケット・アソシエーションの一員として活躍する。

起業家と会社員のあいだ

田中は、国連大学前、表参道GYRE内という二つのファーマーズマーケットの企画・運営をしている。会場提供者、農家側との折衝、広告宣伝方針の立案やその統括など、仕事は多岐にわたる。彼の動きは、一企業の社員というよりも、イベント会社を運営する起業家に近い。

彼をよく知るライターは「佑資はとにかく人と人をつなぐのが上手。頼りなくて、ほんと、ふわふわしてるけど、最終的にはみんなと一緒に問題を解決しちゃう」と語る。何も独立して会社を起こさなくても、大人を巻き込めば「新しいこと」は始められるのだ。

だから、本当は「起業家」かどうか、法人を自分で持っているかどうか、というのは大きな問題ではない。株式上場を目指すために、監査体制を厳しく築き、自分の好きなことができなくなってしまった起業家もたくさんいる。会社の規模が大きくなればなるほど、社長の社外に対する影響力は増えるかも知れないが、その分社内における「自由」は減っていく。

また、会社からの「自由」は、必ずしも「自由」な生き方を意味しない。あるノマドワーカーは、「ノマド」らしく会社や場所には縛られない生き方をしているが、ブログのPV数やツイッターのフォロワー数は常に気にしている（立花岳志『ノマドワーカーという生き方』東洋経済新報社）。ブログからの広告収入、ファンの数が彼の収入に直結するからだ。

また、一時期は「ノマド」の代名詞となった安藤美冬（一九八〇年、山形県、『僕たちの前途』単行本版の書評を書いてくれた）は、現在多摩大学専任講師。「ノマド」の旅は大学講師となることで幕を閉じたようだ。

一方で、会社員でありながら好き勝手に仕事をこなし、まったく会社に縛られていない人もいる。きちんと仕事をこなしながら翻訳家をしたり、逆にいかに上手に仕事をサボるかを生きがいにしている人もいる。

職業というのは、やりたいことを実現するための手段であって、その本質ではない。だから「起業家になりたい」「フリーで働きたい」というのは、本当は何も言っていないに等しい。そんなスタイルの話をしているならば、どうやって人がお金を払いたくなるような武器を身につけられるかを考えたほうがいい。

この本に登場する起業家たちがそうであったように、何も「起業」を特別なことだと考える必要はないのだろう。

魅力的な「専門性」を持つ人であれば、その人が会社に属していようが、自分で法人を持っていようが、仕事は来る。違うのは支払いが個人宛になるか法人宛になるかだけだ。

それに今は大企業であっても、個人と取り引きする時代だ。稟議《りんぎ》の関係で案件額によっては個人との取引を拒否されるかも知れないが、子会社を通すなど方法はいくらでもある。結局、ビジネスというのが人と人で行われるものである以上、組織に属しているかどうかは副次的な問題に過ぎない。

それに「法人」は「人」なので、「殺す」のも大変だ。

法人は終わらせる時に破産、解散、事業清算など一定の手続きを取らないといけない。「生む」ことに熱心になるのはいいが、生きたまま死んでいるような法人がたくさんできても、何の意味もない。

誰だっていつからだって始められる

起業家でなくても「新しいこと」や「面白いこと」はできる。

そして、「新しいこと」のための準備は、いつから始めてもいい。

小菅悠亮《ゆうすけ》（一九九〇年、神奈川県、現在はテンション高い投資銀行マン）は、大学四年生の春先に大手投資銀行の内定を獲得、早々と就職活動を終えてしまった。普通ならここで遊びほうけてもいいようなものだが、彼は将来に向けた「新しいこと」の準備に取り組んでいた。

小菅は、大学時代にずっと鹿児島の離島活性化プロジェクトに関わっていた。屋久島の西方に位置する人口わずか一五〇人の離島、口永良部島《くちのえらぶじま》と都市部をつなぎ、雇用創出などによって島を元気にしていこうというのだ。

一時期は、大学院に進学して、離島活性化を軸にした法人を立ち上げることも考えたが、それだけでは採算が取れないことに気付く。だからまずは大手企業に就職し、島とは長期的に関わっていくことを決めた。内定が出てから入社式までの約一年間は、長期的に島と関わっていく仕組みを構築するため、東京の高校や屋久島町役場との関係作りに奔走していた。

「新しいこと」を始めるためのルートも、社会にはたくさん隠れている。

僕の高校の同級生である金田泰裕《やすひろ》（一九八四年、神奈川県、現在はyasuhirokaneda STRUCTURE代表）は二〇一一年からパリのBollinger＋Grohmann（B＋G）という建築事務所で働いていた。ヨーロッパでは有名な構造エンジニアリングの事務所の一つだ。

彼は大学卒業後、日本の建築事務所で働いていたが、独立前に大規模な建築に関わりたいと思った。そこでB＋Gで働きたいと思うようになったのだが、コネは何もない。一週間くらいかけて働かせて欲しいという英語のメールを書いた。海外旅行以外、留学経験もなかった金田には冒険だった。

しかし、メールには一向に返事がない。

だけど彼はそこであきらめなかった。本社、秘書、パリ支社、考えられる宛先に一五通以上、文面を変えながらメールを送った。だけどそれでようやく返ってきたメールは「あなたのポジションはありません。健闘を祈ります」。

断りのメールだ。しかしここで金田は「テンションが超あがった」という。少なくとも返事がもらえることがわかったからだ。その後、彼が最も働きたいと思ったパリ支社に三〇通以上のメールを送り続けたという。

そんな中、三ヵ月以上が経っていた。「そろそろどうにかしなきゃと思って、色々文章書いて消して、書いて消して」ということを繰り返していた。そんな中、ダメ元で書いた「夏に会いに行けます」という短いメールに、なぜかチャットのようにすぐに返事があった。「待ってます。いつ来ますか?」。

そこからは早かった。ポートフォリオを持参してパリのオフィスで面接をした。一時間くらいの面接を経て、彼はB＋Gのパリオフィスで働くことになった。現在はそこでの経験を活かして独立、自分の事務所を持っている。

社会には抜け道が隠されている

もちろん、誰もが彼らのような積極的な行動ができるわけではないだろう。少なくとも僕にはできない。だけど、少しだけ目をこらして見ると、この社会には意外と多くの「抜け道」が隠されていることに気付く。

たとえば年収一〇〇万円で好きなことに明け暮れる人もいる。「暇で儲からないのにずっと黒字」というオーガニックバーを運営する人もいる。こんな風に、消費社会や企業社会から距離を置きながら自分たちの生活や価値観を大切にする「ダウンシフターズ」になってもいい（髙坂勝『減速して自由に生きる』ちくま文庫）。

この本では、若年起業家を中心に、様々な「働き方」を見てきた。僕たちがついつい当たり前だと思ってしまう「会社に雇われて働く」という生き方が、いかに時代と場所に限定されたものか、ということがわかったと思う。

かつての日本では、多くの人がフリーランスのように働いていた。「サラリーマン」や「専業主婦」なんていう生き方にはせいぜい四〇年の歴史しかない。たった一世代が享受したモデルを、普遍的なものだと考える必要はない。

働き方をどうするか。どんな風に生きていくか。どんな風に働くのかと同じくらい、何を誰とするのかということも大切だ。いったい、これからの前途を、誰と何をしながらどうやって働いていくのか。そこには、本当に無数の可能性がある。

4　結論の代わりに言えること

起業しろ！　だなんて言えない

この本も終わりに近づいてきた。もちろん結論は「これであなたも起業できる」や「会社を離れて自由に生きよう」なんかじゃない。だからといって、起業することや自分でビジネスを始めることまでを否定するつもりもない。

「起業しろ」「ノマドになれ」と言うのは簡単で、「起業するな」「ノマドになるな」と主張するのは、実はすごく難しい。

なぜならば、そういった発言をする立場にあるのは、大なり小なりフリーランス的に働いている人だからだ。「私は成功しているが、あなたたちは無理だ」と発言するのには勇気がいる割に、あまり説得力がない。

また起業やノマドを目指して失敗した人の発言にも、あまり訴求力がない。そもそも「失敗した人」は「成功した人」に比べて発言の機会が圧倒的に少ない。そして「私は失敗したが、あなたたちも無理だ」と言うよりも「私は失敗したが、ここを工夫すればいい」と前向きなアドバイスをしたほうが受けもいい。

何よりも声の通りのいいのが「俺は成功した。お前たちも成功できる」というメッセージだ。松下幸之助の人生論から始まり、ホリエモンの起業論まで、基本は同じだ。経験をもとにした主張には、説得力がある。

これが答えだ、なんて言えない

僕自身も、自分でビジネスを始めたわけではないとはいえ、きっと「中の人」の一人だ。会社を経営しながら、大学院生や研究者としての活動もしながら、こうやって本を書いたりしている。

だけど、僕は自分の人生に代表性があるとは思っていない。たまたま慶應ＳＦＣというキャンパスに行ったこと、たまたますでにビジネスを成功させている友人と出会ったこと、たまたま大学院に進むことをアドバイスしてくれた人がいたこと。

いくつものトランポリンがあったから、僕はここにいる。

そして、残念ながら、この社会は、誰にでもトランポリンが用意されているわけではない。たまたま目の前にトランポリンが用意されている人は、それを使わない手はないと思うけれど、どこを探してもトランポリンが用意されていない場所もある。

しかも「新しい中世」化が進む世界の中で、トランポリンの配分は、ますます不平等になりつつある。

そんな社会で、「起業」というのは、さも一発逆転が可能な輝かしい出来事に見えてしまう。だけどこの本で繰り返してきたとおり、「起業」が成功するかどうかにも、自分の近くにどれだけトランポリンがあるかに、大きく影響されてしまう。

だから僕は不特定多数に向けて「起業しろ」なんてことは言えない。それどころか「このような働き方をするべきだ」ということも言えない。

もちろん働き方の選択肢は多ければ多いほどいい、ということくらいは思う。

だけど、社会は、明日から急には変わらない。だから、この本を「これが答えだ」というドヤ顔の理想論で終えるつもりにはなれない。

それはまるで地図を描くように

答えの代わりに、僕たちが分かちあえるものの話をしてみよう。

僕たちの前途は、まだわからないことだらけだ。それが明るいのか、暗いのか、思わず笑ってしまうようなものなのか、悲しみに満ちたものなのか。そんなことはわからない。

そのわからない「前途」を少しでも照らすために、この世界には地図というものが存在する。初めて訪れた街であっても地図があれば、人は目的地へたどり着くことができる。闇の深い夜でも、海図と羅針盤があれば、船は海を渡っていける。

この本では、僕たちが「前途」を歩いていくのに少しでも役に立つような地図を描いてきたつもりだ。もちろん、その地図は、まだまだ不正確で、欠けている点も多い。本当は世界中のトランポリンの場所や、トランポリンの設計図を明記できればいいのだけど、そんな力は今の僕にはない。

だけど、そんな地図でも、ないよりはあったほうがいい。なぜならば、一度社会と共有された地図は、誰かがそれをバージョンアップすることがあるからだ。

この本が描いてきた不格好で、ささやかな地図。その不正確な部分を誰かが書き換え、不必要な部分を誰かが塗りつぶし、足りない部分を誰かが書き足す。地図はやがて、少しずつ緻密《ちみつ》で有益なものになっていく。

今度は、その地図を見て、誰もが安心して街を歩けるようになる。そして誰かがより遠くを目指してみようと思う。その「誰か」というのが、「僕たち」、つまり「僕」か「あなた」であればいいなと思う。

僕たちの前途は、そんな風にできていく。

〔スケッチ9　そして謝辞〕

午前四時五分。だらだらと暇な時間に書き進めてきたこの本も、もうすぐ書き上がりそうだ。自宅のプリンターの調子が悪いので、エレベーターで七階まで上がって、りゅうくんの部屋でさっきからパソコンを開いている。

「バーベキューに行ってくる」と言っていたりゅうくんは、二時間くらい前に帰ってきて、すぐに寝室で眠ってしまった。彼がビジネスの天才だってことは、こんなに近くにいるのに、今でも信じられない。

ボストンにいる加藤嘉一さんからメールが来る。今度一緒に出す本のタイトルをどうしようかという相談だ。今、アメリカは大統領選挙の真っ最中。彼はどこにいても楽しそうだ。

そういえば西山さんにゲラを戻さないとな、と思っていたら、フェイスブックのチャットでショーくんから「月曜よろしくねー」というメッセージが届く。ピースボートで知り合った慶くんつながりで、ショーくんとは四年前に一緒に「新しき村」に行ったことがある。

その時は星野リゾートでホテルマンをしていたショーくんだが、二年前に転職して、今はNHKでディレクターをしている。そんな彼が急遽助っ人として「NEWS WEB24」というニュース番組のスピンオフ企画に関わることになったのだという。

二〇一一年の秋に出した『絶望の国の幸福な若者たち』という本が少しだけ話題になってからは、時々テレビにも出るようになった。だけど、こうしてショーくんと一緒にNHKで仕事をするようになるとは思ってもみなかった。

自分では楽しみながら書いた本ではあったけど、『絶望の国の幸福な若者たち』がそんなに注目されるとは思っていなかった。担当の井上さんも思っていなかったし(出版したタイミングくらいでもう次の企画の話をしていた)、書籍に関してよく相談に乗ってもらう中沢さんも、ゲラを読んでもらった時には渋い顔をしていた。大学からの友だちのトールくんにも、「これ新書？　え？　単行本？　それじゃどうかな」と言われた。

そんな本が新聞各紙に取り上げられて、あの朝生で大々的に取り上げられるなんて、人生がどうなるかってことは、本当によくわからない。

僕がこうして本を書くようになったのも、本当に偶然だ。ピースボートについて書いた修士論文を本田先生が面白がってくれて、光文社の草薙さんを紹介してくれた。そうして書いた『希望難民ご一行様』と校了日が同じだった杉浦さんに、光文社内で遭遇して、出版記念パーティーに誘われた。

その杉浦さんの出版記念パーティーで、たまたま井上さんに出会ったのだ。訳のわからない陰謀小説を書くみたいな案もあったが、結局シンプルな若者論を書くことになった。

本を出してからはすぐに、紀伊國屋の梅ちゃんが「絶望の国」特集コーナーを作ってくれた。手作りPOPをほとんどの書店の人は、喜んで受け取ってくれた。池袋リブロや東京堂書店、新宿ブックファーストではイベントも開いてもらった。上野さんは、風邪を引いて体調を崩している中で（と本人は言ってたけど、だいぶ元気そうだった）対談イベントをしてくれた。小熊さんとの書店イベントは、さながら公開ゼミのようになった。

そんな間にも、藤田さんが、この『僕たちの前途』の土台になるようなルポを何度か『g2』に書かせてくれた。村上さんとはルポを書いたことをきっかけに仲良くなれた。村上さんともりゅうくんとも仲良しの賢児くんは、映画の準備で忙しいのに何度も話を聞かせてくれた。健くんにはLINEで、高橋歩さんにはメールで、岩瀬さんには朝食を食べながら口頭でスケッチ用のコメントをもらった。前作に引き続き住吉さんはちょーかっこいい表紙を作ってくれた。

この本の材料になるような内容を大学院で発表した時に、本田先生や瀬地山先生には色々と参考になるコメントをもらった。佐藤先生には起業家研究に関して何度か長いアドバイスをメールでもらったことがある。みんな、なんだかんだで優しい。

僕はこんな風に、いろんな人の中で働いている。自分では働いているという意識はまったくないけど、気付けば一緒に仕事をする仲間が増えていた。だからあんまり将来に不安はない。

午前四時五八分。そろそろチャーリーが起きる時間だ。彼がツイッターで何かつぶやくのを、寝る時間の合図にしている。

昨日の夜は東の空が明るくて、駅前のTSUTAYAに行った帰りに、流れ星が見えた。今は朝焼けの空が眩しい。りゅうくんも起きてきた。SFC時代の友だちとディズニーランドに行くらしい。一緒に行くか誘われて、とても迷う。(古市憲寿、二七歳)

〔スケッチ10　近況報告(文庫版あとがき)〕

8月14日　乙武洋匡《おとたけひろただ》さんたちとの北欧旅行から帰ってくる。約一〇日間でデンマーク、ノルウェー、スウェーデン、フィンランド、エストニアの五ヵ国を回ってきた。彼と僕は九歳違い。来年三〇歳を迎える僕の前途、乙武さんのこれまでの生き方、これからの野望など、たくさんの話をしてきた。夜は、小説家の朝井リョウくんと雑誌『anan』で連載している対談の収録。最近彼が連載を開始した作品のテーマは「アイドル」。書きたいことはまだ尽きないという。それが素直にうらやましい。僕はあと何冊の本を書けるのだろう。

8月15日　夜は、ホームパーティー。友だちが上海料理を作ってくれた。気まぐれで始めた人狼《じんろう》が思いの外盛り上がる。俳優、落語家、編集者、起業家、上海人といったバラエティに富んだメンバーが集まったからだろうか。こうやって、人と人のつながりが、まるでカクテルのように、面白い化学反応を生み出す夜がある。そんな夜は、とても幸せな気持ちになる。人狼は、嘘を吐《つ》き合うようなゲームなのだけど、挙動不審な僕はいつも最初に排除される。夜更けまで、ひたすら人狼。朝まで残ったメンバーで、近くのラーメン屋へ行く。明るくなっていく街を脇目に、ぼーっとした頭で恋愛相談をしたり。なんだか遅れてきた青春をしているみたいだ。つまらない高校時代を送っていた僕に「未来はそんな悪くないよ」と伝えてあげたい。

8月16日　横浜の赤レンガパークで開催されていた日本テレビ「ライブモンスター」のライブイベントへ行く。スウェーデンのDirty Loopsというバンドがかっこよかった。ただMCで「涼しいスウェーデンから、暑い日本へ来たよ」と言っていたのだが、少なくとも数日前のストックホルムは三〇度くらいの真夏日。少し話を盛っているなと思った。夜は麻布十番へ移動して、馬肉を食べる。

8月17日　昼過ぎに起きて、とりあえずメールを一五通くらい送る。LINEでの連絡に慣れてしまったせいか、最近はメールの文章も短い。『ムーミンの国の憂鬱（仮題)』の「まえがき」を書き始める。フィンランド出身で、ロンドン大学に勤める友人と作っている本。五月の取材成果を早めにまとめて、今年中に出版したいと思っている。夜は友人と食事の予定があったが、疲れが取れずにキャンセルしてしまう。

8月18日　夜に食事の約束があるだけの日。それなのにほとんど仕事が進まない。一日時間があっても、結局だらだら過ごしてしまい、人と会う予定を目一杯詰め込んで、その合間にちょっと作業しただけの日とあまり効率が変わらなかったりする。

8月19日　昼前にクールジャパン推進会議の打ち合わせに顔を出す。その後、NHKへ移動して、ゲストとして参加するドキュメンタリー番組の打ち合わせと、短いラジオの収録を一つ。少し時間が空いたので、カフェで短い原稿を一つ書く。夜はこの二年間くらい仲良くさせて頂いているご夫妻の家で開催された女子会に、女子じゃないけど混じる。小脇《こわき》美里《みさと》さんの、お好み焼きを作る時の手さばきがやばい。

8月20日　午前中は来月講演をする三重県庁の方と打ち合わせ。二年前は午前中の打ち合わせなんて考えられなかったが、今は以前と比べるとだいぶ朝方になった。「二八歳くらいで死ぬ」と中二のようなことをつい最近まで思っていたのだが、二八歳で死ななかったので、仕方なく健康のことを考えるようになった。

午後は育志賞《いくししょう》の研究発表会。育志賞というのは、「天皇陛下からの御下賜金」によって設立された若手研究者のための賞。そういった賞とは無縁の人生かと思っていたから、受賞は素直に嬉しかった。授賞式以来久しぶりに各分野の若手一流研究者たちに会ったのだが、テーマが「結晶成長現象とハミルトン・ヤコビ方程式」「花粉管による誘引物質群 LUREs の受容・応答機構」など僕の想像を遥かに超えていた。

夜は友人たちとの食事会。いま「友人」と書いたが、本当は何という名前で呼んでいいか迷っている関係の人たちだ。そこには昨日、お邪魔したお宅の夫婦も含まれているのだけど、年齢は僕の倍くらい。今夜集まったメンツも、大学時代の友だちから偉い経営者まで様々。この本で出てきた言葉でいえば「弱いつながり」ということになるのだが、感覚としては「家族」や「親戚」に近い。血は繋がっていないけれど、「仲間」「家族」「親戚」。そう思える人がいるのは、とても幸せなことだと思う。

8月21日 マガジンハウスから「突然ですがラオスに取材に行きませんか」というメールが来る。ラオスがどこかもわかっていなかったが、「行きます!」と即答する。片道一二時間かかるらしいが、何とか三日間を捻出して今月末に行くことにした。朝はフジテレビでコメンテーターの仕事。菊川怜《きくかわれい》ちゃんが相変わらず天然っぷりを発揮していた。夜は雑誌『Numero TOKYO』で、編集長の田中杏子《あこ》さんと対談。テーマは「ノームコア(「究極の普通」)」。ハイブランドでさえも最近では、普段着のようなファッションを展開しているのだという。そういえば僕は最近、楽な服、軽いバッグばかりを選んでしまう。その後、田中さん、軍地《ぐんち》彩弓《さゆみ》さんと一緒にエスニック料理を食べる。気持ちいい人、仕事のできる人と話してると、精神衛生上とてもいい。最近、いい夜が続いていて嬉しい。

8月22日　午前中は『ムーミンの国の憂鬱（仮題）』の続きを書く。「仮題」といえば、この文庫もタイトルが中々決められなかった。単行本『僕たちの前途』を改題したこの本だが、『仲間と働く　豊かに生きる』『僕たちの働き方』『「仲間」と働く生き方』などたくさんの案があった。担当者の佐々木啓予さんから、そろそろいい加減にタイトルは決めて欲しいというメールが来ていた。

夜は友だちと四人でご飯。実はこのメンバーと同じレストランで一ヵ月前にもご飯を食べていたのだが、その時は一人がファスティング（断食）中だった。だから今回はリベンジ。途中から朝井リョウくんが来る。痔と粉瘤《ふんりゅう》の辛《つら》さについて熱く語っていた。ご飯の後は、友人の家へ移動して人狼ゲーム。佐藤健くんは、相変わらず空気を支配するのがうまい。しかし、頭が切れすぎるために、逆にいつも人狼と疑われてしまう。少し「いい気味だ」と思った。

8月23日　フジテレビの福原伸治《しんじ》さんと水戸芸術館へ行く。鈴木康広《やすひろ》さんの個展

「近所の地球」を訪れるためだ。鈴木さんの作品は、僕たちの「当たり前」を鮮やかに反転させ、そして新しい「当たり前」を見せてくれる。たとえば「上」という文字を立体にして、下から眺めると「下」に見える。そういう「当たり前」に対する挑戦をアート作品にするのが、とにかくうまいのだ。本当は社会学がもっとそういう役割を担えたらと、ちょっとだけ悔しかった。

8月24日　奥谷禮子《おくたにれいこ》さん主催のお茶会に招かれた。立派なお茶室の端っこで、作法も何もわからない僕は小さくなっていた。だけど、「親戚」や「家族」たちと一緒だったので楽しい時間だった。偶然林真理子さんに会えたので、先週号の『週刊朝日』に対談で呼んでもらった時のお礼を言う。その後、何人かで表参道に移動して食事。しかし行きたかったエスニック料理屋が定休日で、仕方なく中華料理店へ。途中までは楽しい食事だったのだけど、そこにいた海外の友人が、かかってきた電話に突然顔色を変える。実家で飼っていた猫が今にも死にそうなのだという。少し複雑な経歴を持つ彼女の家にとって、とても大切な猫。もう今夜はフライトがないから、明日の早朝便で国へ戻るという。命とははかないものだと、ふいに僕たちは気付かされる。

そして8月25日。フィンランドで買ってきたチョコを食べながら、りゅうくんの部屋でこの文庫版あとがきを書いている。最近「仕事してるの?」「毎日何してるの?」

と聞かれることが多いので、「仕事してます」アピールをしようと、近況を日記風に書いてみた。しかし余計に毎日たいして何もしていないことがバレてしまった。

東浩紀《あずまひろき》さんの言葉で表現すると、僕はいつだって「観光客」なのかも知れない。一つのコミュニティに埋没する「村人」でもなく、寄る辺のない「旅人」でもなく、拠点は持ちながらも「観光客」として様々な旅先を渡り歩いていく生き方。「観光」を続ける中で、僕の生活も少しずつ変わってきた。

この本の一章「僕たちのゼント」の原型を書いたのは二〇一〇年、単行本収録時に最新情報にアップデートしたが、それも二〇一二年、二年前のこと。今でもりゅうくんとは友人だが、僕も「ぽえち」という自分の会社を持つようになった。個人で引き受ける仕事が増えたのと、何となく会社を作ってみたくなったから。資本金がかからない時代、会社という箱を持つのは本当に簡単になった。

だから会社を持つこと自体に深い意味はないのだけど、まだまだ続きそうな人生で「僕たちのゼント」で書いたようなスタイルに必ずしも固執する必要はないと思ったのだ。ＳＥＫＡＩ　ＮＯ　ＯＷＡＲＩ風に言うなら、「変わらない為に僕らはいつまでも変わり続けるよ」（「アースチャイルド」）って感じ。

文庫化に際しては佐々木啓予さんに最後までお世話になった。

せっかくなので、単行本とはタイトルも表紙も変えた。装画は漫画家の浅野いにおさんにお願いした。前から一度お仕事をしたいと思っていたので、こんな形で実現できて嬉しい。文庫版はタイトルが浅野さんっぽくなくて申し訳なく思っている。

今、二〇一四年八月二五日三時一二分。最近の僕にしては随分と夜更かしだ。これを書いたら、お風呂で読みかけの『エエちエ』を読もう。(古市憲寿、二九歳)

補章　SEKAI NO OWARI・「ロックバンド」の終わり

全国アリーナツアーの成功、オリコン1位、JR SKI SKIのテーマソングへの起用など、名実ともに人気バンドになったSEKAI NO OWARI。大企業のCMにも出演しながら、一方ではシェアハウスで共同生活を送り、ツイッターでは奔放に私生活を公開する。

そんなバンドのあり方自体も注目を浴びているグループだが、僕は二〇一三年七月に『ROLa』という雑誌の対談で、初めて彼らと会った。

そこでの印象は「まるでベンチャー企業の経営者と話しているみたい」。仲間を増やしながら、自分たちの音楽を広めていく様子は、アーティストというよりも、起業家という言葉のほうがしっくりくる気がした。

「仲間と働く」ことをテーマにした本の巻末にふさわしいと思い、対談を再構成してこの本にも収録させてもらうことにした。

「僕たちはとにかく売れたい」

古市　今日は、初めてお会いできて嬉しいです。二〇一〇年のデビューから、あっという間にスターダムに駆け上がりましたよね。僕はそういう「輝き」の中にいる人たちが何を思っているかに興味があるんです。いま、どんな気持ちですか？

Ｆｕｋａｓｅ　実は、このブレイクは予想通りだし、むしろ遅いと思っているんです。今年やりたかったことが、結局翌年にならないと実現しない。世の中なかなか計画通りにいかないなあって。

古市　二〇一一年のメジャーデビュー後すぐに武道館ライブを成功させたり、シングル「ＲＰＧ」が映画主題歌に決まったりしていますが、それでもブレイクが「遅い」と感じるんですね。

Ｆｕｋａｓｅ　「売れる」ことに対する周囲との意識のズレのせいかも知れません。僕らはとにかく「売れたい」と思っているんです。そのためにはテレビにも出たいし、タイアップも取りたい。どんなにいい曲を作ったってそれが流れず誰にも届かなかったら売れやしないし、逆にすごく流れれば話題になってどんどん売れる。

古市　確かに、どんないいものを作っても、売れないと消費者には届かない。僕の友人の直木賞作家も「とにかく売れたい」といつも言っています。だけど一方で「売れたい」と口に出すのは恥ずかしいことなんだ、みたいな雰囲気もありますよね。
Ｆｕｋａｓｅ　僕たちもはじめは「Ｆｕｋａｓｅ君ってテレビ出たいんだ」「へー、売れたいんだ」って驚かれました。雑誌のインタビューでも、「売れることは正義だと思ってる」なんて言うと、「でも、お客さんの笑顔のためですよね？　音楽を作ること自体が幸せなんですよね？」と返されてしまう。
　確かに「ロックバンドはテレビに出ないほうがカッコイイ」「売れたいって言うのはダサイ」っていう時代もあったと思うんです。でも、僕にはそれが全然理解できなかった。自分たちが命削って作ったものは、死ぬ気で売りたいし広めたい。テレビにも出たい。それがそんなにダサイことなんだろうかって。
　そんな「売れることへの意識のズレ」や「バンドの美学」を崩そうと、周囲にプレゼンしたりスタッフを説得したりするのが、実は一番時間がかかりました。
古市　だけど、そこまで売れたいと思う理由は何ですか？　たとえばコアなファンに向けてだけ活動をするという選択肢を考えたことはありませんか。
Ｓａｏｒｉ　いつもそれを聞かれると違和感を感じちゃうんです。甲子園の高校球児に「なぜ勝ちたいんですか」って聞く人はいないのにって。

Ｆｕｋａｓｅ　それくらい、売れたい理由は単純なんですよ。勝ったほうが楽しいし、負けるのは嫌だから。他のバンドがいれば、やっぱりそいつらより売れたいし、負けてもいい理由が見つからない。トップミュージシャンにだって勝てるまで死ねないと思ってます。

古市　Ｆｕｋａｓｅさんって、ルックスのせいかもっと草食的な人かと思っていたら、全然違うんですね。

Ｆｕｋａｓｅ　たぶんすごく寂しいんです。自分がいた痕跡を残したい、忘れ去られたくないと思ってる。生物が子孫を残したいと思うのと一緒で、売れたいのはすごく本能的な感情です。

圧倒的な退屈からセカオワは生まれた

古市　だけど、「売れる」ことや「勝つ」ことって、上を目指せばきりがない。終わりがないレースに挑む虚しさはありませんか？

Ｆｕｋａｓｅ　ああ。いやあ、でも終わりのあるほうがきついですよね。

Ｓａｏｒｉ　Ｆｕｋａｓｅはたぶん、満足することに対する恐れみたいなものがあるんだよね。

Ｆｕｋａｓｅ　この間、アリーナでのコンサートを終えたんです。でもライブ後の感慨が僕には一切なくて、すでに全然違う次のことを考え始めていました。デビューしたての自分に「お前は将来アリーナでライブをやるぞ」って言ったらびっくりしたはずなのに。すぐに退屈しちゃうんです。でも退屈すると、余計なこと考えてしまいそうで怖い。だからどんどん新しいことを追っかけて、退屈しないように焦っている。

Ｓａｏｒｉ　Ｆｕｋａｓｅはもうずっと焦ってますよ。一七歳の頃から。せわしない人。

古市　常に焦燥感があるってことですか？

Ｓａｏｒｉ　Ｆｕｋａｓｅの焦燥感は、過去の圧倒的な退屈から生まれているんだと思います。彼は高校を中退して、アメリカに留学してもすぐ帰国して、その後は精神が弱って病院に入院していたんです。つまり中卒だし病気だし無職だしお金もなかった。そこから這い出そうという焦燥感が、今の原動力になっているんだと思います。

古市　もう全部面倒なことは投げ出して、静かな生活を送りたいと思うことはありませんか。

Ｆｕｋａｓｅ　もちろん山でパンを焼いて穏やかに暮らすような、「安定の幸せ」もあるのかもしれないけれど、そういうタイプじゃないからなあ。今の僕に焦燥感がなくなるのは、酒を飲んでいる時だけです（笑）。

古市　「売れたい」というのは、「もっと稼ぎたい」「お金持ちになりたい」というのとも違うんですか？

Ｆｕｋａｓｅ　大金を稼ぎたいという気持ちとかは全然ないです。むしろそんなに稼いでも何に使っていいかわからない。普段の生活は至って地味です。

古市　お金は何に使っているんですか。

Ｆｕｋａｓｅ　普段の僕は、お金は酒ぐらいにしか使ってない。あとはスタジオの内装を森っぽく改装するための「森代」と、みんなで受けた人間ドック。もういい歳《とし》なので、本能的な危機感にとらわれたんです。健康に対してはお金を使ってもいいと思えるようになった（笑）。

古市　堅実ですね。全然ロックバンドっぽくない（笑）。

Ｆｕｋａｓｅ　昔のロックバンドなら「派手なスポーツカーを乗り回すのが夢」なんて時代もあったのかもしれないですけどね。むしろ大金を稼いだミュージシャンってお金を何に使うんですかね？

ＤＪ ＬＯＶＥ　いい家に住んだり、島を買ったり、趣味にお金をつぎ込んだり？

Ｆｕｋａｓｅ　優越感を得たり、人に言うこと聞かせたり？

古市　お金をがっつり儲けて、自分の言うことを聞くような人ばかりを周りに集めて、自分たちだけのキングダムを作りたいという欲望はありませんか。

Saori　それはないですね。

Fukase　それじゃ酒がまずいでしょうね。お金目当てで苦笑いしている人と酒を飲むなんて僕は嫌です。

古市　売れるためにはどんな工夫をしていますか。さっきから話を聞いていると、バンドというよりも若い起業家たちと話している気がしてきたんですけど。方法を間違えずに「売れる努力」をする

Nakajin　確かに僕たちはバンドというよりも、ベンチャー企業やレコード会社の感覚に近いかも知れません。逆に「ロックバンド」なんて呼ばれると、「僕たち、ロックバンドなのかな?」ってちょっと恥ずかしいくらい。

Saori　私たちの音楽活動は、二〇〇六年に自分たちのライブハウスを作るところから始まったんです。仲間を集めて活動するには、まず「場」が必要だと思ったから。私はその時まだ一九歳でしたが、そのために一〇〇万円くらい借金しました。バイト代も全てそれに充てていましたね。

Nakajin　僕も消費者金融で借金してローンを組んでました。バレて親にすご

く怒られたけど。

Saori　でも当然、無名のライブハウスや無名のバンドのライブに、お客さんが来るはずもない。私たちは、どうやったら集客できるか、ライブハウスを運営できるかを考え続けました。つまり「売れる」ために頭を使い続けたんです。そういう意味では、私たちが他のグループにない強みは、「売れる」ことを誰より意識してきたこと、そしてそのための「方法」を間違えなかったことだと思っています。

古市　まさにライブハウスの「経営者」だったんですね。なかなか売れないバンドもたくさんいます。彼らも「方法」が間違っているということなんでしょうか。

Saori　普通のバンドであれば、ライブハウスのブッキングマネージャーにライブを組んでもらう。人気のあるバンドと組めば、それなりにお客さんも集まるし、歓声も浴びることができる。でもそこでの満足感って、何の意味もないんですよね。自分で得たものでないから、実は自分たちは何も成長していない。でもついついライブをしたことだけで満足してしまうんです。

Fukase　正直なところ、仲のいいバンドの中には、「売れたい」と口で言うだけで、「売れる」ための行動ができてない人たちもいます。たとえば全然売れてないのに、「こだわり」の十数曲が入ったアルバムを何枚も作ってる。でもアマチュアバンドのフルアルバムなんてよほどのきっかけがなければ誰も聞かないし、実際はボツ曲ばかりです。それなら、その中からいい曲を三、四曲だけ抜き出して、新しいCDを作ったほうがいい。そのほうが絶対売れるし、業界の人も聞きやすくなる。僕ならそうします。

古市　すごく戦略的ですね。でも理にかなってる。

Fukase　彼らは「やっぱり全曲揃ってアルバムだから」とこだわる。それじゃうまくいかないですよね。音楽は溢れているし、アーティストは星の数ほどいる。その中で自分たちの曲を聞いてもらうには、単純な音楽的才能だけじゃなくビジネス的な感覚も大事。その方法を間違えると一向に成功できない世界なんじゃないかな。僕らはそういった「方法」を追求してきた自負があります。

「CDの売れない時代」だからできること

古市　戦略的に行動しすぎて、逆に悩んでしまうということはありませんか。つい評価を気にしたり、結果を狙いすぎたり。

Fukase　たしかに自分たちでトータルプロデュースをしていることは、僕らの強みでもあり最大の弱みでもあるんです。つい世間の評価を予想してしまう。

Ｓａｏｒｉ　仲間内には評価が高いけど、ファンからはあまり人気がない曲だろうなとか、発売前でもおおよその評価がわかっちゃう。順位もなんとなく想定内なんです。

Ｎａｋａｊｉｎ　自分たちの予測と実際の売り上げの間に、大きな誤算があったことはほとんどないよね。

古市　「想定内」ばかりだと、つまらなくなりませんか。

Ｆｕｋａｓｅ　そうなんです。売れたいとか、評価されたいとか、人気を取りたいとか、そんなことだけを狙って曲を作ると、必ずしもいいものができないこともわかってきました。聞く人にも、そのあざとさが伝わってしまう。何よりも自分が何を作りたいのか、何のために音楽を作ってるのか、わかんなくなっちゃう。

分析を全くしないのもダメだけど、しすぎてもダメ。その「本能と理性のバランス」をうまく取らないとなぁと思っています。そうじゃないと、「分析のドツボ」にはまるなぁと。

古市　今は音楽が売れない時代です。そもそも、この世界で勝負をし続けること自体が厳しいと思ったことはありませんか。

Ｆｕｋａｓｅ　僕らが初めて曲を出したのは二〇一〇年。「ＣＤが売れない時代」か

らのデビューです。だからある意味、セールス部分の苦しみからは解放されています
し、一応売り上げは伸びてる。逆にミリオンセラーがバンバン出ていた時代から音楽活動をしてきた人のほうが、今は苦しいのかもしれないですね。

「CDが売れない時代」にも、ポジティヴな面があると思うんです。なぜCDが売れないのかと考えると、やっぱりインターネットの存在が大きい。配信もできるし、YouTubeで音楽が聞けてしまう。僕だってYouTubeはよく使います。

この状況は圧倒的で、とても押し戻すことなんかできない。なら流れに抗うのではなくて、上手く乗るしかない。

僕らアーティストにとってインターネットやYouTubeの利点は、自分たちの曲を拡散させやすくなったことです。特に海外展開がしやすくなりました。実際に去年ぐらいから、海外のレーベルと相談してプロジェクトを進めている。国内で売れなくなった時代だからこそ、世界に活動を広げるチャンスだと思っています。

セカオワ流「仲間」との接し方

古市　周囲との軋轢《あつれき》はありませんか？　新しいことを始めようとすると、どうしても業界の慣例や常識とぶつかることが多いと思うのですが。

Ｆｕｋａｓｅ　ありがたいことに、周囲からはずいぶん自由にさせてもらっています。チームには何でもざっくばらんに相談できる。うちの事務所の社長なんてもう六〇歳を越えていますが、我が家に来て一緒にお酒を飲みながら、ああでもないこうでもないと話し合ってる。まるで友達みたいな関係です。

それでも音楽業界の「普通」や「常識」とぶつかることはしょっちゅうです。確かに「普通」や「常識」に従ったほうが、簡単だし失敗はないことはわかっています。実績の裏打ちもあるし、リスクも低い。でも、本当にそうしなくちゃいけない理由は実はないんじゃないか、もっと大切なことがあるんじゃないか、とも思う。普通じゃなくても、意味があるならやってみればいいのに。

古市　プロジェクトが大きくなるほど、他人との仕事が増え、色々な制約も出てきますよね。自分たちの思い通りにいかなくなることも多い。

Ｆｕｋａｓｅ　それは本当に難しい問題ですよね。たとえばPVを作るにも、僕らの理想と、映像クリエーターさんの提案がズレることがあります。この時、自分たちの理想をどこまで追求すべきか。

上手くやれるようになったのは本当に最近ですね。「妥協」と「いい塩梅《あんばい》」の違いが何となく見えてきた。大事だとわかったのは、「譲れない部分」をすごく少なく、でも最後まで強く持つということ。それ以外は相手を信頼して、きちんと任せるということです。

Ｎａｋａｊｉｎ　あれもやりたい、これもやりたいって我《が》を通すと、相手は熱意を失っちゃう。相手だってプライドと責任があるからね。

Ｆｕｋａｓｅ　昔は思い通りにいかないと、「良い人に出会えない」「運が悪い」なんて思っていたんです。でも本当は、信頼できる相手をきちんと見極めるのも、信頼して任せるのも、自分たちの責任だとようやくわかってきましたね。

音楽活動でただ一つ譲れないもの

古市　漫画などでよくある話ですが、「一人でやったほうが成功する」と言われたらどうしますか。

Ｆｕｋａｓｅ　絶対に四人であることを選びます。僕は一人でやっていく自信もないし、一人になったらものすごく寂しくなってしまうはずです。音楽活動でただ一つ譲れないものがあるなら、それは四人でやること。迷った時は必ずそこに立ち返るようにしています。

Ｓａｏｒｉ　私たちはライブハウスを作った時から、ずっと共同生活をしているんです。今日までずっと一つの家に住み、同じ夢を見て、互いに補い合ってきました。もし私たちが別々に暮らしていたら、今の形はないとさえ思っています。
実は私たちと同じ頃にデビューしたバンドの中には、すでに解散してしまったところも多いんです。メンバーがバラバラの方向を見始めちゃうんですよね。
Fukase　でも僕たちは一緒に住んでいることもあって、バラバラの方向を見る暇がない。仕事でも家でも僕たちは「話す」機会が圧倒的に多いんです。だから、互いが何を考えてるか、何がしたいのか、理解と共有ができている。それが他のグループにはない強みだなと思っています。
古市　四人の中に「格差」や「嫉妬」は生まれませんか。公私ともに一緒だとしたら、なおさら軋轢《あつれき》も生まれやすいと思ってしまうんですけど。たとえば、収入も違ってくるだろうし……。
Saori　たしかにFukaseはボーカルですし、作詞・作曲も多く手がけていますから、人気は一番あるし、印税も一番もらっている。でもそれは、彼が一番努力しているからで、私たちはそれを当然わかっている。
DJ LOVE　お金一番もらっててずるいとかはない。
Fukase　もし俺がずるいと思われているのなら、「じゃあお前が真ん中で歌えばいいんだよ」「俺と同じくらい歌詞を書けばいいんだよ」って言いたい（笑）。そういう申し出、俺は嬉しいよ。

ＤＪ ＬＯＶＥ　でも俺に真ん中で歌うのは無理、みたいな（笑）。

Ｆｕｋａｓｅ　一人一人がグループ内の役割を理解せず、相手の立場を尊重できなくなったとき、そういった不平不満が生まれて、バンドの不和や解散につながるんだと思います。リーダーやボーカルなどの中心的存在側が、「俺一人が全部動かしてる」と勘違いしてしまうことも、同じ方向を見なくなる原因じゃないかな。

メンバーの誰かが結婚したらどうする？

古市　共同生活ってどんな感じなんですか。ずっと一緒にいるんですか。

Ｆｕｋａｓｅ　仕事の時は一緒に出て行きますけど、普段はそれぞれバラバラの生活を送っていて、いつも一緒というわけではないですね。

　家も広いし、遮音性があるから、部屋の中でそれぞれが何をやってるかもわからない。隣の部屋のＮａｋａｊｉｎがギターを弾いてても、耳を澄まさないと聞こえないくらいです。時々、僕がリビングで飲んでいたり誰かが加わったり、映画を借りてきた人がいれば一緒に見たり。そんな感じですね。

古市　四人でいることが嫌にはなりませんか。
Ｎａｋａｊｉｎ　もう四人は家族みたいな存在なので、今更嫌になるということはないですね。最初は確かに大変なこともあったし、時々実家に帰ったりもしたけど、徐々にうまい距離感をつかんでいった。
Ｆｕｋａｓｅ　一緒に暮らしているとＮａｋａｊｉｎにはこうする、Ｓａｏｒｉちゃんや LOVE にはこうするって、一人一人への対処法もわかってくるんです。これは普通の家族にもある、空気の読み合いや「家のルール」と似たようなものだと思います。「今日は妹の機嫌がめっちゃ悪いから話しかけるのやめておこう」みたいな。そういう意味では、僕らは友だちじゃなくて家族っていう表現が一番近い。
古市　将来的にメンバーの誰かが結婚をしたらどうしますか？　普通のシェアハウスでも、そのタイミングでみんながバラバラになってしまうことが多いみたいです。
Ｆｕｋａｓｅ　それは僕らが一番よくわからない。どうなるのかなって。でも今はあんまり考えていません。
Ｓａｏｒｉ　曖昧にしてごまかしている部分もあるかなあ。共同生活を始めた二〇歳くらいの頃は、「三〇歳くらいまではみんなで暮らしていくんだろうな」なんて漠然としたイメージがありました。それがいつのまにか八年も経って、そろそろ真剣に考えなくちゃいけない時期に差し掛かっているんだけど……。

古市　僕もちょうどみなさんと同じくらいの年齢です。仕事や結婚や、色々なことに悩む時期ですよね。

Saori　同世代の友達は、「今の彼は結婚してくれるのか」とか、「上司が嫌だから早く結婚して会社を辞めたい」とか、しょっちゅうそんな話をしています。私自身も二五歳を越えたあたりから、もう若くない、女の子じゃない、っていう意識が強くあるんです。でもとりあえず今は、結婚とか将来のことは曖昧なままにしています。実際に誰かが結婚するという状況になったら考えるかな（笑）。

DJ LOVE　仲いい奴がだんだん結婚していって、子供までできて……。この現実が恐ろしいなと思っています。僕も両親の年齢を考えると、そろそろ孫の顔を見せてあげたいというのはあります。今、僕の親は六八歳。早めに孫を抱っこさせてあげないと。ただ相手がいないんですよね。

Fukase　そうか、みんな結婚とか考えてるのかあ。

セカオワは『ONE PIECE』に似ている

古市　将来に対する不安はありますか？

Ｆｕｋａｓｅ　「バンドがこの先、売れなくなっちゃうんじゃないか」という不安は以前からずっとありました。ミュージシャンとして続けていける自信もなかった。

でもつい最近、「なんとかこの先もやっていけそうかな」「このままミュージシャンを続けていけるかな」と初めて思ったんです。具体的に何があったというわけではなく、漠然とした確信なんですが。

たぶん、数年前に努力したことが、今にきちんと反映されているからですね。それならば、今やっていることも数年後には必ず結果となるはずだと。幸い、今の僕には「やるべきこと」を着実にこなせているという実感がある。だから不安が少し消えたのかもしれません。

Ｎａｋａｊｉｎ　逆に僕は恐怖心がまだあります。三人とは友達としてうまくやってきたけれど、バンドとして考えた時、自分は本当に必要なのか、必要とされなくなってしまう時が来るんじゃないかと、そんな恐怖心が常にあるんです。いや大丈夫だと思いながら、一方でその恐怖感が拭《ぬぐ》えない。その葛藤が、今の自分を動かしているという部分がありますね。

古市　最後にこれからのことを聞かせて下さい。まだまだ叶えたい夢はあるんですか。

Ｆｕｋａｓｅ　やっぱり大きな夢をみんなで掲げて、そこへと全力で走る、というのがすごく楽しい。面白いことをいつもしていたいけれど、やるからには絶対に勝ちにいきたいんです。恥ずかしくてインタビューで言えないような夢もたくさんありますが、一つ一つそれを形にしていきたいなと企んでいます。

ただ、夢はどんどん変わっていくんです。現実になりそうになると、すぐに次の夢が生まれてしまう。永遠に辿《たど》りつけない感があります。

Saori　『ONE PIECE』みたいな感じなのかも。あの物語は「〝ひとつなぎの大秘宝〟を見つけて〝海賊王〟になる」という主人公の夢から出発しています。でも最終的にそれが実現するかは、実はそれほど大きなテーマじゃない気もするんです。

それ以上に、仲間と一緒に旅をする過程と、その中で叶えられる小さな夢の積み重ねが描かれている。次はあの島に行こう、あれを手に入れようと、目標は状況によってどんどん変化する。それが私たちと似ているなって。

古市　「目的」と「方法」は間違わないけど、「方法」それ自体も楽しんでいるということですね。SEKAI NO OWARIがこれだけ支持を受ける理由が少しわかった気がします。共同生活を送れるくらいの信頼しあえる仲間がいる。そして、その仲間と共に一緒の夢を追うことができる。今の若者たちの憧れを全部つめこんだような生活をセカオワはしていますよね。現代社会には、真に倒すべき敵なんていない。ここまでいけば「勝ち」という正解もない。だからこそ、仲間を大切にしながら生きるその姿に、多くの若者たちは共感するのかも知れませんね。今日はとても楽しかったです。どうもありがとうございました。

本書は二〇一二年十一月、小社より単行本として刊行されたものを改稿、改題しました。

|著者| 古市憲寿　1985年東京都生まれ。東京大学大学院総合文化研究科博士課程在籍。慶應義塾大学SFC研究所訪問研究員（上席）。専攻は社会学。大学院で若年起業家についての研究を進めるかたわら、マーケティングやIT戦略立案、メディア出演、執筆活動など精力的に活動を続けている。著書に『希望難民ご一行様』（光文社新書）、『だから日本はズレている』（新潮新書）、『絶望の国の幸福な若者たち』『誰も戦争を教えてくれなかった』（ともに講談社）などがある。

働《はたら》き方《かた》は「自分《じぶん》」で決《き》める

古市憲寿《ふるいちのりとし》

講談社文庫

定価はカバーに
表示してあります

2014年10月15日第1刷発行

発行者——鈴木　哲
発行所——株式会社　講談社
東京都文京区音羽2-12-21　〒112-8001
電話　出版部（03）5395-3510
　　　販売部（03）5395-5817
　　　業務部（03）5395-3615

Printed in Japan

デザイン—菊地信義
製版———慶昌堂印刷株式会社
印刷———慶昌堂印刷株式会社
製本———株式会社若林製本工場

落丁本・乱丁本は購入書店名を明記のうえ、小社業務部あてにお送りください。送料は小社負担にてお取替えします。なお、この本の内容についてのお問い合わせは講談社文庫出版部あてにお願いいたします。

ISBN978-4-06-277941-8

講談社文庫刊行の辞

二十一世紀の到来を目睫に望みながら、われわれはいま、人類史上かつて例を見ない巨大な転換期をむかえようとしている。

世界も、日本も、激動の予兆に対する期待とおののきを内に蔵して、未知の時代に歩み入ろうとしている。このときにあたり、創業の人野間清治の「ナショナル・エデュケイター」への志を現代に甦らせようと意図して、われわれはここに古今の文芸作品はいうまでもなく、ひろく人文・社会・自然の諸科学から東西の名著を網羅する、新しい綜合文庫の発刊を決意した。

激動の転換期はまた断絶の時代である。われわれは戦後二十五年間の出版文化のありかたへの深い反省をこめて、この断絶の時代にあえて人間的な持続を求めようとする。いたずらに浮薄な商業主義のあだ花を追い求めることなく、長期にわたって良書に生命をあたえようとつとめるところにしか、今後の出版文化の真の繁栄はあり得ないと信じるからである。

同時にわれわれはこの綜合文庫の刊行を通じて、人文・社会・自然の諸科学が、結局人間の学にほかならないことを立証しようと願っている。かつて知識とは、「汝自身を知る」ことにつきていた。現代社会の瑣末な情報の氾濫のなかから、力強い知識の源泉を掘り起し、技術文明のただなかに、生きた人間の姿を復活させること。それこそわれわれの切なる希求である。

われわれは権威に盲従せず、俗流に媚びることなく、渾然一体となって日本の「草の根」をかたちづくる若く新しい世代の人々に、心をこめてこの新しい綜合文庫をおくり届けたい。それは知識の泉であるとともに感受性のふるさとであり、もっとも有機的に組織され、社会に開かれた万人のための大学をめざしている。大方の支援と協力を衷心より切望してやまない。

一九七一年七月

野間省一

講談社文芸文庫

金井美恵子
砂の粒／孤独な場所で
金井美恵子自選短篇集
解説＝磯﨑憲一郎
かM3
978-4-06-290244-1
リリシズムとリアリズムの奇跡的な調合。紡がれる言葉を夢中で追ううちに、思いもよらない地平に連れ去られる。迷宮のような読書体験をもたらす初の自選短篇集。

吉行淳之介編
最後の酔っぱらい読本
解説＝中沢けい
よA14
978-4-06-290246-5
名作『酔っぱらい読本』もこれで終わり。漢詩・文壇話・古典落語・映画・ミステリー、読者を酔わせる作品の数々。高橋和巳、李太白から和田誠、軽妙洒脱なエッセイの粋。

日本文藝家協会編
現代小説クロニクル1975〜1979
解説＝川村湊
にC1
978-4-06-290245-8
一九七五年以降に発表された中短篇を五年単位で厳選し、現代小説四〇年の軌跡を展望する全八巻シリーズ刊行開始。第一巻は中上健次の文学的起点「岬」など七作品。

講談社文庫　目録

芥川龍之介　藪の中
有吉佐和子　新装版 和宮様御留
阿川弘之　七十の手習ひ
阿川弘之　春風落月
阿川弘之　亡き母や
阿刀田高　ナポレオン狂
阿刀田高　新装版 ブラック・ジョーク大全
阿刀田高　新装版 食べられた男
阿刀田高　新装版 最期のメッセージ
阿刀田高　新装版 猫の事件
阿刀田高　新装版 妖しいクレヨン箱
阿刀田高　新装版 奇妙な昼さがり
阿刀田高編　ショートショートの広場18
阿刀田高編　ショートショートの広場19
阿刀田高編　ショートショートの広場20
阿刀田高編　ショートショートの花束1
阿刀田高編　ショートショートの花束2
阿刀田高編　ショートショートの花束3
阿刀田高編　ショートショートの花束4

阿刀田高編　ショートショートの花束5
阿刀田高編　ショートショートの花束6
安房直子　南の島の魔法の話
相沢忠洋　「岩宿」の発見〈幻の旧石器を求めて〉
安西篤子　花あざ伝奇
赤川次郎　真夜中のための組曲
赤川次郎　東西南北殺人事件
赤川次郎　起承転結殺人事件
赤川次郎　冠婚葬祭殺人事件
赤川次郎　人畜無害殺人事件
赤川次郎　純情可憐殺人事件
赤川次郎　結婚記念殺人事件
赤川次郎　豪華絢爛殺人事件
赤川次郎　妖怪変化殺人事件
赤川次郎　流行作家殺人事件
赤川次郎　ABCD殺人事件
赤川次郎　狂気乱舞殺人事件
赤川次郎　女優志願殺人事件
赤川次郎　輪廻転生殺人事件

赤川次郎　百鬼夜行殺人事件
赤川次郎　四字熟語殺人事件〈ベスト・セレクション〉
赤川次郎　三姉妹探偵団
赤川次郎　三姉妹探偵団2〈キャンパス篇〉
赤川次郎　三姉妹探偵団3〈珠美・初恋篇〉
赤川次郎　三姉妹探偵団4〈怪奇篇〉
赤川次郎　三姉妹探偵団5〈復讐篇〉
赤川次郎　三姉妹探偵団6〈危機一髪篇〉
赤川次郎　三姉妹探偵団7〈駆け落ち篇〉
赤川次郎　三姉妹探偵団8〈人質篇〉
赤川次郎　三姉妹探偵団9〈青ひげ篇〉
赤川次郎　三姉妹探偵団10〈父恋し篇〉
赤川次郎　死が小径をやってくる〈三姉妹探偵団11〉
赤川次郎　死神のお気に入り〈三姉妹探偵団12〉
赤川次郎　次女と野獣〈三姉妹探偵団13〉
赤川次郎　心地よい悪夢〈三姉妹探偵団14〉
赤川次郎　ふるえて眠れ、三姉妹〈三姉妹探偵団15〉
赤川次郎　三姉妹、呪いの道行〈三姉妹探偵団16〉
赤川次郎　三姉妹、初めてのおつかい〈三姉妹探偵団17〉

2014年9月15日現在